《爱满教育》的姊妹篇

何夏寿
散文精品

何夏寿 著

记着

上海教育出版社
SHANGHAI EDUCATIONAL
PUBLISHING HOUSE

序言

记 着

何夏寿

一个踉跄的生命
走向长长的人生
坚定
自信
有多少热情的手
搀扶和牵引

我娘说
记着别人对你的好
哪怕给过一个馒头
一块糕
记着
心就不会跌落

记着

老师说
记着别人对你的好
哪怕借你一支铅笔
一把刀
记着
人就不会孤独

如今呵
我对自己说
记着别人对你的好
哪怕一张笑脸
一声问好

记着——
日子缤纷了
岁月生动了
时光鲜艳了
红彤彤的童话
再也不会老

CONTENTS 目 录

拜坟岁　1

住街头　8

铅笔头　13

哥哥　20

姐姐　36

推手　47

师弟　52

笑死　57

小蓝　63

结业祝词　70

小胖　74

可可　83

贝贝　89

现在想来　95

学生　102

接机 107

借钱 113

酒吧 118

车祸 125

"挖地人" 130

开班 139

童话 145

戏友 148

香山 156

坐飞机 163

语文乐 169

戏说 178

祝家庄 183

约定 188

就业 196

拜坟岁

我第23次走进鞭炮和礼花写成的早晨。满天的烟味，一圈一圈地荡漾着过年的欢乐。

过年头一天，即使地上龙宫，天上月殿，我也不去的。古人有言"父母在，不远游"。就算住在坟墓，父母还是我的父母。每年这天，我来到父母坟前，不放鞭炮，也不燃礼花，只是静静地坐在父母身边，坐在这个鞭炮和礼花铸就的童话里。

我知道母亲喜欢鞭炮的。母亲在世的时候，只要一听到鞭炮响，不管忙什么，总会丢下手头事，静静地侧耳，随后不无欢喜地说："哦，今天是个好日子"。于是，她会去街上买几只小鸡小鸭，养在家里生蛋给我们吃；还吩咐我们多写几个字，多背一阵书，沾一沾好日子带来的好记性。

那时候我还小，大概十来岁的样子。有一次，我问母亲:"你怎么知道是个好日子的呢?"

"喏,放炮仗,不是结婚就是上梁。这个日子是人家瞎子先生拣的,能不好吗?"母亲喂着鸡崽说。

在我们家乡,正月初一那天,每户人家的儿子女儿,带着自己的儿子女儿去看另一个世界里的父亲母亲,都要放鞭炮或是礼花的,唯有我,从来不放。这是母亲的意思。

那一年,我23岁。也是今天这样的好日子——大年初一。我去看父亲。那时,我父亲在另一个世界已经5年了。那天很冷,我戴着一双红色的手套,给父亲放炮仗。我用打火机点燃了炮仗的引线。瞬间,一条红色的"蚯蚓",唰地蹿进了红烛似的炮仗里。我等待着炮仗像小鸟一样,从我手里起飞,随即响起兴高采烈的"砰——啪"声。可是没有。等了不少时间,我将捏着炮仗的手,缓缓地缩回来,正想看看问题出在哪里,突然"腾"的一声闷响,炮仗在我手里炸开了,我霎时感到右手一阵钻心的痛。一看,手套成了撕破的渔网,无名指正滴着血。

回到家,母亲一边用棉花擦着我的手,一边数落父亲死了就管自身,也不保佑自己的小人(孩子)。完了,母亲说:"我要是百年之后,你去拜我坟岁,一定不放炮仗。"

"那也是我自己没有经验。"我说,"多放几次就不会出事了。"

"多放也有失手的时候。"母亲擦了下眼睛,"我也不喜欢听炮仗,很吓人。"

"你不是说'日子好,炮仗响'吗?"

"正月初一,你不放炮仗也是好日子的。"母亲见我还要争辩,不高兴了,"叫你不要放就不要放!"

我答应母亲痛改前非,向不良习惯彻底告别。母亲很高兴。为怕我旧病复发,以后每年我去给父亲拜坟岁时,母亲总要拿出那只她替我珍藏的伤残手套,警示我不忘历史。为此,母亲还以给哥哥多几块压岁钱的方式买服务,监督我。

我终于养成了不放鞭炮的习惯,直到今天。

每年这个时候,我总是静静地坐在这个劈劈啪啪、热热闹闹的日子里,陪伴母亲。

我不知母亲那一个世界的年龄是如何计算的。如果和人间一样,我的母亲今年也是23岁了。我也不知母亲那个世界,是如何择业的。如果和人间一样,我想母亲一定做了老师。

我23岁的时候,有一次受了学生的气,回家发脾气:"教小孩真气人,我下辈子再也不当老师了。"

母亲用一把梳子整理着我的头发,笑着说:"那么多小人都叫你何老师,连你骂过的小人也一样叫你,尊敬你,到

哪里去找那么好的事啊?下辈子我要让我娘给我读书,我当老师去!"

母亲,如果我算得没错,23岁的您应该师范毕业,可能要去参加新教师培训。对了,母亲,如果你们培训完后,有人提议去爬个山玩个水的,不可向管理山水的人要钱哦。否则,人家会笑话你的。

在我23岁的那一年,我们去县城听课。听完课后,恰好是星期天。带队领导说:"万卷书要读,万里路也要行,明天我们去爬龙山(我们县里的一座名山)。"我们高兴得差点死过去。那一次,我居然没跟母亲请假。其实我想是想到的,可那时候没有电话,没有快递,这个临时信息没法传过去。

那次,我们从龙山回来,直接到学校上课了。同事陈娟英对我说:"你快回家一趟,你母亲急疯了。昨天,她来我家问你去哪里了,问了五次呢。"

母亲也真是的,我都23岁了,还会把自己丢掉吗?陈娟英说她也是这么对母亲说的:"我还说,他们难得去一趟县城,可能培训完后,趁着星期天,去爬龙山了。"

还没等我说,陈娟英忽然咯咯地笑起来。我问她笑什么。

陈娟英模仿着我母亲的样子,说:"伢夏寿腿脚不便,爬龙山的钱就不要赚了。"陈娟英补充说:"我对你妈说了,爬龙山人家不但不给钱,而且要收五块钱门票的。你猜你母亲怎么说?"

"怎么说?"

"不给钱,那伢夏寿为什么要给他们去爬。我老太婆也不会这么傻。你母亲的意思是我在骗她。"

办公室里的老师,都笑了起来。

这时,我母亲踏着笑声走进了办公室。见到我,眼里写满老麻雀见到小麻雀的爱恋和欣慰。我从座位上弹了起来,赶紧把母亲拉到了室外。

"你星期天去哪里了?"母亲问。

"听好课后,我们去爬了龙山。"

"娟英老师是说你们去爬龙山了。"母亲掏出她藏在口袋里的梳子,又要给我梳头发了。我赶快别转头,不高兴地说:"姆娘,这又不是在家里。"

"这里怎么啦?小人再大,也是娘的肉。"母亲埋怨道,"你的头发乱糟糟的,像鸡窝。不像老师,还好教学生子(方言,指学生)?"

"那我自己来。"我从母亲手里夺过梳子,三下五除二地整理了一下。

母亲看我订正了"作业",笑道:"你自己会打扮了,好的好的。"母亲收起了梳子:"下次不要去爬龙山了,你腿脚不便,这个钱我们不要赚。"

"姆娘,你真不懂!去游景点玩哪有赚钱啊,我们还要买门票呢。"

母亲像是看天外来客似的看着我这个傻瓜儿子,半天才说:"那爬什么啊,累都累死,还要倒贴钱。那就给学生子改改文章,教教知识。"

我无可奈何地摇头。

这件事,母亲,你还记得吗?

母亲,我是很听您的。我现在不放炮仗,也不爱旅游了,心里死死地记着您说的"只要对小人好,书总能教好的"。我到很多很多你没有去过的"街"里,给很多很多的小孩子讲知识,讲做人。即使那里有非常有名的山,我都不去爬的。一来人家确实不给钱,二来我也爬不动了。我要用不便的腿脚,多做一些对小孩好的事。

母亲,你一定能听到我对你说的这些话,而且很欣慰,是吗?你也一定会说:"夏寿,你的头发不乱了。"

是的,我每天起来第一眼,就看到您站在我的身边,手里拿着一把梳子,嘴里总是说:"孩子再大也是娘的肉。头发乱糟糟的,怎样去教学生子!"您不在的这23年里,我每天做的第一件事就是梳理头发。因为,不像老师,不可以去见学生子的。

　　母亲,您知道吗?我已有好多好多的白发了。您可能会说:"你的满头黑发哪儿去了呢?"母亲,您的小儿子也老了,眼花了,发白了。趁着我还能写,能讲,我要多做一些对小人好的事。以后我去您那里见您的时候,好让您在左邻右舍之间有面子,让您光荣得逢人就说:"我儿子是优秀老师!"

住街头

"前世修来住河头,三世修来住街头。"在我们乡下,说一个人能住在河边,那是对你前身行善积德的奖励;而能住到街头,那需要连修三世,才能取得"绿卡"。这足见街头的高贵。

我们小时候所说的街里,其实是我们集镇上的一条小街。现在看起来不长,但记忆中的这条街可大着呢!一条东西向的河流穿街而过,将街道分成南北两侧,南街和北街密密麻麻地挤满了林林总总的小店铺,各种各样的买卖都有,吃的穿的用的。除此,还有耍杂技的,玩西洋镜的,唱戏的,煞是吸引小孩子。

我们村距离街头有十里路。那时,没有自行车、汽车。上街,就靠双脚走。十里路太远了,所以几乎没有机会上街。关于街上的热闹和好玩,我只是听哥哥姐姐们说的。

我很羡慕。

上一年级那年,我生了一场大病,母亲问我想吃什么。我脱口道:"我想去街里!"一旁的父亲趁机教导我:"好好读书,将来争取住到街里去。"

小学三年级时,我语文数学考了个双百,母亲喜欢极了,父亲却说:"村里第一,街里息壁(靠边)。要是能在街里的小学,考一百,那就好了。"我心里自是委屈。但以我一个小学生的理解,十万次地相信,在街里学校,我是考不到这个分数的。

初中毕业那年,我以全乡第一名考入乡高中。母亲高兴得恨不能让全村人知道,可父亲却说:"好是好,要是在街里高中上学,那就好了。"这回,我本能地反抗道:"你每次都这样说,那你去考考看?"话一出口我就感到失言了,父亲这一辈子没有读过一天书,我怎么可以用这话去伤父亲。

我等待着父亲的怒骂。

可是没有,父亲却憨厚地一笑:"你这孩子,我小时候要是你爷爷也给我读书,说不定我是个方卿呢。"

父亲虽没上过一天学,但爱用典故。这缘于父亲是个戏谜,喜欢听戏,加上记性好,常常能将一些戏整场整场地背下来,关键是父亲不但能记,而且善用。他会将戏里的东西化用到生活中。受父亲的影响,从小我也听了好几十出戏,对父亲的"戏说"往往也能理解个八九不离十。父亲所说的方卿,就是《珍珠塔》里的男一号,是个穷人,常常受到别人歧视,连他姑妈也笑骂他永世不得翻身。但他人穷志不穷,硬是通过发奋读书,在大比之年考了个头名状元。

我还要交代一下:我父亲是做海产买卖的,走南闯北,见过世面。所以他知道街里的生活是如何美得像仙境似的。父亲一空下来,会经常给我讲街里的故事:街里晚上跟白天一样亮。街里有书摊,运气好可免费借书看。街里有戏馆,天天都唱戏……我当神话一样听。

后来,我成为村上一名小学老师。教书还可以,乡里年年得先进。母亲把我领回的奖状,一张一张地往墙上贴。每每遇此,父亲总是在一旁说:"好是好,可惜是村里的老师,要是能到街里的小学教书,那就好了!"

我深深地理解父亲,更不会责怪我父亲背叛故土。如今,农村人从乡镇进县城,从县城到市里,从市里到省城,从省城往京城,不但不是叛徒,而且已成为为乡争光,为县争光,为省争光的学习标兵。住在街头,即今天意义上的进城工作,已经成为一个积极响应城市化,同时证明自己身份和品位的象征。从这个意义上说,我父亲的"城市化"意识,比目前正如火如荼、铺天盖地的推进至少提前了20

年。父亲要是在世,应该得个"勇于创新奖"。

父亲患病那年,我望着父亲消瘦而苍老的脸,默默发誓,我要做一个让父亲引以为傲的儿子,让自己生活到街里去,去街里学校教书,领街里学校的工资,得街里学校的奖状,过街里人一样体面的生活。可是,父亲终究没有等到那一天。父亲下葬的那天,我比我的哥哥姐姐哭得更伤心。

应该是大前年吧,街里有一所学校看上了我。派了好几位领导分好几次请我去那儿教书,还说要给我几倍于乡下学校的工资。我相信人家的真诚。何况还带来了合同,只要我动动手指,立马可以实现父亲至死不渝的愿望了。可是,如果我走了,我的一帮子学生们交给谁?安放着我爷爷奶奶父亲母亲的坟茔,交由谁来看护?

我终于拒绝了街里的好意。父亲,请你千万不要责怪您,的小儿子不求上进。别的我不敢说,在上进方面,绝不会让您丢脸的。我都快近60的人了,天天都学习的。就像今天,正月初一,有多少人正在"花天酒地",而我却把自己锁在书房里,坐在书桌前,读书写作。我不想去街里,一来是错过了想去的时机,就像好多小时候没能玩上的游戏,到老了再也没有兴趣去碰了;二来,我还非常渴望上进。父亲,从小我听惯您什么都与街里比较的话语,让我每一步的行走,都有一个十分清楚而明确的目标;每一个小小的进步,在别人那

记着

里也许是一份小小的得意,而我没有,有的只是一次次叩问:你根本没有什么可骄傲的,因为这是在乡下,你和街里还有天壤之别。我也正是凭着父亲的这种鞭策与希望,让自己的为人处事,努力接近父亲眼中的街里。

父亲,也许您忘了,可我还记得您在我很小的时候讲过的一个故事:有一只鸟,没有脚,人们都叫它无脚鸟。它从出生那天开始,就一直在飞,一刻不停地飞。等到它落地的那一天,就是它停止生命的时候。我越来越感觉到,我就像这个故事中的鸟儿。这些年,我几百次出入于父亲您所说的街里,大多还是您一辈子都没有去过的,比我们镇的街里更街里的"大街里",从最北边的哈尔滨街里,到最南边的深圳街里;从最西边的兰州街里,到最东边的上海街里,可是我终究只是"鸟"过留声,没有在任何一个街里落下来。因为,我是只无脚鸟。一旦我落在那个街里,我再也听不到父亲您对我的叮嘱了。我不想失去您的叮嘱。那样,我会时时提醒自己:不要太得意哦,你离街里还有好远好远的路。

父亲您也一定看到了,年年清明,我总是拿着一大叠街里学校发给我的奖状证书——有夸我课讲得好的,有聘我为导师或顾问的——祭奠您,烧给您。火光中,我仿佛看到了您,听到您在说:"儿子,咱就不去街里了!"

铅笔头

我小的时候,家里很穷。我们兄弟姐妹六人,要想都念书,显然不可能。父母商量后开诚布公:女娃将来是别人家的,一律不进学堂;男孩是自家的根,拼拼借借也得读两年。

由于"政策"支持,我六岁就进村里的学堂念书。虽说进了学堂,但上的是苦学:书包是母亲的破内衣改的,作业本是父亲用十几张香烟盒的内芯装订的。可写字的铅笔怎么解决,一支铅笔要三分钱,我们兄弟仨都在上学,这也是一笔不小的开支。为省钱,父亲试着做过几回铅笔,比如将木炭削尖了装进一根小竹管里,但写出来的字大得近乎奢侈,一张香烟纸写不了几个字,而且木炭很爱断,制炭也花精力,简直就是"偷鸡不着蚀把米"。折腾几番后,父亲终于放弃了,但父亲规定,一个学期只给我两支铅笔,让我要控制着写,能少写的尽量少写,能不写的尽量不写。"读书要读进脑子里,又不是读到纸头上。"父亲经常这样说。

哥哥他们的作业多,常常向父亲要钱买铅笔。父亲一边锄着地,一边扯着嗓门责怪道:"败家子!这个月已经买两支了,还要。你们以为我是在地里掏金子吗?"骂完后,气呼呼地将一角钱丢给两位哥哥。

父亲从小疼我。晚上,在煤油灯下,翻着我的"作业本",对两位哥哥说:"夏寿最小最懂事,疼爹,你们看看,他写的字多小,这样就省铅笔了。"

其实,我写字很小纯属无意,不是父亲说得那样为了省铅笔,更不是疼爹。为此,我还挨了老师的批,说我的字小得像蚂蚁,下次再这样,要重写了。

上了二年级,我们的作业增多了,一学期两支铅笔,实在不够用了。尽管我也想努力遵守父亲的"制度",成为父亲眼里的标兵,但现实毕竟摆在眼前——老师已经叫我这个不完成作业的捣蛋鬼,面壁罚站了。

权衡再三,我终于向父亲提出能否再给我增加一支铅笔。父亲满口答应,还实话实说:"升一个年级,本来就要加一支铅笔的。"

父亲真英明,他也懂得"与时俱进"!

可是,增加了一支铅笔,我发现还是不够用。离大考还有一个月的样子,我的铅笔短得只剩一颗螺丝钉了,我拿出父亲早为我们兄弟仨"配制"的铅笔套——一根小竹管,接长了,凑合着写。

这一天吃晚饭,我怀着忐忑不安的心,吞吞吐吐地向父亲提出再买一支铅笔的要求。我的话一说完,两个哥哥抿着嘴在偷笑,而父亲的脸绷得像一块青石板,他把饭碗往桌角一推,起身走出了家。

我知道我惹父亲生气了。那天,我早早上了床,不知不觉地睡着了。睡梦中,我被父亲叫醒了。

"这是你写的?"父亲的声音有点吓人,把我完全惊醒了。我看到,父亲正指着我"作业本"里的长方形。

近段时间,我们正在学计算图形面积,我望了一眼我画的长方形,点点头:"是的。"

"啪"的一声,父亲把作业本狠狠地砸到我的脸上,劈头盖脸地骂道:"你也是个败家子!好好的字不写,画鸡画狗地乱画,这样,给你一箩铅笔也不够你用。"

我委屈得哭出声来。父亲更来气了,举手要来打我,幸好娘在身边,把他拉走了。

后来,是哥哥们向父亲作了解释,父亲才叫娘给我买了一支铅笔。

读三年级了,老师常常夸我的字写得跟书里印的一样,工整美观,叫我抄到另一张纸上,贴在教室后面的墙上,给班里的同学"做做样子"。我很高兴,写得很卖力。

再后来,老师说我的作文写得很棒,让我抄下来,贴到校门口去展览,我当然更高兴,一笔一画地把作文抄了一遍。

可这一来,不到半个学期,我就用完了父亲制定的"三年级三支铅笔"的指标,还有长长的半个学期,我只能干坐。这下,真的只能像父亲说的那样,"书要读到脑子"里了。

一天晚上,我从邻居家串门回来,发现父亲正在翻看我的书包,见我进来,没好气地问:"你的铅笔呢?"

我紧张极了,我的铅笔一个星期前就用完了,但我不能对父亲说实话,要不准会被他骂"你写鸡写狗地乱写"。可是,父亲的眼光像两把利剑一样,悬在我的眼前,情急之下,我撒谎道:"借给才明了。"

才明是我的同学,是父亲一直认为"穷得有骨气的"好孩子。才明的父亲常年生病,家里穷得叮当响。

"你做得对。"父亲的口气缓了,眼中的利剑变成了两湾春水,"亲帮亲,邻帮邻,皇帝也有草鞋亲。"

这两句话,我自小就听得会背了。幸亏我了解父亲脾气,才用计"救了"自己。

可是,整天坐在教室里,全靠"脑子读书"总不是办法,老师好几次批评我不做作业,说我骄傲自满。

这天放晚学回家,我悄悄地向二哥借铅笔。谁想我们的谈话被外屋的父亲听见,父亲走了进来,将我的书包翻了个底朝天,厉声地问:"你的铅笔呢?"

"借——借给——秋海了。"我支吾着。

父亲盯了我一眼,没有说什么。

我暗自庆幸,亏得自己反应快。

可是,谎言终究要被揭穿的。第二天放晚学,我还没有走到家,才明和秋海就在半路上拦住我,告诉我父亲去找他们了。我像泄了气的皮球,瘫了。

家总是要回的,我仿佛是个小偷,贴着墙溜进了屋。还好,父亲不在。我知道,今夜注定遭父亲痛骂了。我担心得不敢吃晚饭了,干脆就倒在床上装病。说不定这样,还能博取我娘的怜悯,逃过父亲的责骂。

也不知过了多久,我听到父亲进屋了,问娘我去哪里了。娘说:"他闹肚子疼,刚给吃了点矾(家乡有肚子痛服明矾的习俗),困(睡)熟了。"

是父亲进内屋的脚步声,我赶快闭上了眼睛。

父亲坐到我的床沿头,用手摩着我的额头,低声对娘

说:"我去了学堂,人家老师夸夏寿字写得好,文章做得好,将来会出山的(方言,指有出息)。他的铅笔都是老师要他给别人做样子写完的。"父亲叹了口气,自责地说,"只怪我们太穷,多给他几支铅笔,他就能写更多的文章了。从前,秀才都是靠文章写出来的!"最后这句话,是父亲向娘强调着写好文章的意义。

我用了吃奶的劲,憋住了总想夺眶而出的泪水。

第二天醒来,不见父亲。娘告诉我,爹去杭州卖"吐铁"(方言,泥螺)去了。我说大夏天,吐铁不是不让卖吗?吃了要生二号病的。娘没有说什么,只是叹着气,摇了摇头。

两天之后,父亲回来了。果不其然,他的吐铁被查处了。我们全家都很沮丧,但父亲并没有和我们一起唉声叹气。他像变魔术似的,从小桶担里取出一包用旧报纸包着的东西,郑重地将它放在饭桌上,用我们从未听到过的,充满激情的口气说:"你们猜这是什么?"

我们都摇着头。

父亲打开了旧报纸,啊!是一大包长长短短的铅笔头,应该有几百个吧,长得像火柴,短的像八脚虫;红的,绿的,黄的,蓝的,五彩缤纷,像是一道道彩虹。

"我的吐铁只卖了一天,就被查处了。戴红袖章的还把我叫进了派出所。"父亲一点也不难过,甚至有点自得地说,"他们问我这么热的天不好卖泥螺知不知道,我说知道,但我几个儿子没钱买铅笔,才来'犯法'的。"红袖章们很同情我。父亲接着说:"你们有没有写剩的铅笔头,给我几个,好让我回家有个交代。"这一说,有个红袖章说:"他们倒没有,但城西边的垃圾场里,有很多从学校里收来的废品,那里兴许有铅笔头。"

"我一听,一拍大腿,对了,垃圾场里肯定有'宝'。"父亲说得两眼发亮,"我马上跑到城西,果真,在那里,我找到了好多好多铅笔头。写吧,放开写吧,天凉后,我肯定要去城里做生意,再去捡。还有,你们有那么多铅笔头了,都去送伙伴们一些。"

我们兄弟三个高兴得跳了起来。

自此以后,父亲每次从城里做生意回家,总会给我们带来一大把一大把长短不一的"彩虹",我们也不再为如何省着使用铅笔头而挖空心思,绞尽脑汁了。

今天,只要一看到铅笔,我就会想起父亲捧着那堆花花绿绿的铅笔头,还有他那张乐呵呵的笑脸。

哥 哥

哥哥属虎,长我六岁,长得酷似歌星蔡国庆,长脸,大眼睛,高鼻梁。不,应该说蔡国庆长得像我哥哥,因为哥哥1959年出生的时候,蔡国庆可能还没想好光不光临人世呢!

记忆中,我喊哥哥为"强盗"。这当然不是我不礼貌,是哥哥要我这样叫他的。自他看了五龙庙里演的《武松》后,对强盗异常崇拜,觉得我称其"强盗",是对他的尊称。

除哥哥之外,全家人都护着我。姐姐整天牵着我,生怕我腾空而飞;母亲有空没空就为我擦擦脸,与其说在维护我的"门面",还不如说在传递对弱小的爱恋。父亲呢,只要他不外出做生意,他的肩膀便是我温暖的专座。

我小时候长得瘦弱,常生病,但天性贪玩,特别喜欢放风筝。哥哥简直就是扎风筝的高手。他扎的风筝不但栩

栩如生,如笑眯眯的大老鹰,咧着嘴的大恐龙,而且飞得特别高,令我担心被月宫里的小白兔顺手掠走。每当哥哥的风筝飘舞在空中,一大帮和我差不多大小的毛孩,馋得只会瞪眼不会闭嘴了。

这时候,我自豪得像飞到了天上的风筝一样。哥哥总是在这个时候,把他手中长长的风筝引线交给我,让我任意驾驭"老鹰",操控"恐龙"。那时候,我的感觉,绝不亚于总统把持着偌大的国家。

哥哥去割羊草了,他要完成父亲的"作业"。记得我六岁的时候,父亲给哥哥下令:每天晚学后割上一大篓羊草,要不就罚他饿一顿。

哥哥贪玩,常有"违旨"的时候,每当哥哥"与羊共饿"的时候,我常在一边偷笑。这时,哥哥总会朝我龇牙咧嘴,将两个拳头攥成两个铁榔头,在半空中比画着。吓得我连忙躲到父亲背后,大喊害怕。而当父亲顺着我的指点看哥哥时,哥哥像电影里被抓的鬼子一样,正吓得瑟瑟发抖呢!我也为此被父亲责怪:"你也是的,喜欢痛打落水狗!"现在想来,哥哥真具有演戏的潜质,只可惜生在我们这个穷苦的家庭。要不,成不了影帝也是影星。

这一天晚学后,哥哥将"恐龙"送到了天空,便将长长的牵线交给了我,自己到远处的地里割草去了。

我牵着"恐龙",望着在蓝天下又舞又唱的风筝,兴奋地和它对话:"再唱响一点!再唱响一点!"

正在这时候,来了两个比我大点的毛孩。其中一个瘦点的盯着风筝,不停地咽着口水,仿佛正吃着一颗酸得爽透的话梅。我正想和他们说话,胖点的毛孩一阵风似的跑来,等我反应过来,我手里的风筝线就到了他的手上。

"哥哥——哥哥——"我又惊又怕,用足了全身的力气喊。

可是,那两个毛孩,抢了我的引线,仿佛骑上了"恐龙",早就逃得无影无踪了。

可是哥哥不知去哪里了。我丢了风筝,灰心得像被放完了气的皮球,瘫倒在地上,呜呜地哭。

哥哥背着满满的一篓羊草回来了,一看我的"惨状",知道是怎么回事了,他丢下手里的青草篓,像豹子一样,蹿了出去。

不一会儿,哥哥肩上背着他的大"恐龙",两手逮着抢我风筝的两个毛孩,来到我的面前,将他俩像拎小狗一样拎起来,问我:"他们有没有打你?"

说实话,他们并没有打我。但我恨透了这两个家伙,想也不想地说:"打我的!"

"叫你们打人!"哥哥死劲地将他们两个扔到地上,像扫子弹一样骂道:"叫你们抢东西,叫你们抢东西!"

"哇——",一阵像死了人一样哭声,撕破了沉寂的空气,我一看,是瘦个子毛孩的哭叫声。

"你算什么?"胖点的毛孩胆子大点,从地上爬起来,擦着满嘴的泥巴。

"我是强盗!"哥哥的声音,吓得胖点的毛孩倒退了几步。

在两个毛孩失魂落魄、鬼哭狼嚎之中,我们哥俩扬眉吐气、趾高气扬地班师回朝了。

回家路上,我问哥哥:"你为什么说是强盗!"

"强盗不好吗?"

"不好!"

"武松也是强盗,你说好不好?"

"好的。"

"林冲也是强盗,你说好不好?"

前些日子,我刚跟着父亲看过绍兴大板"风雪山神庙",知道林冲是个绿林好汉,"好的。"

"这就对了,强盗中也有好的。"

"你是个好强盗!"

"嗯,以后人家欺侮你时,你就说我哥是'强盗'!"

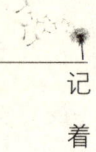

我觉得哥哥真是个好强盗。

可是,强盗毕竟是强盗,哥哥还是闯下了大祸。刚吃了晚饭,隔壁郎定伯伯就找上了门,我一眼就认出刚才抢我风筝的瘦个子毛孩,耷拉着脑袋,跟在郎定伯伯的后面,一副可怜兮兮的样子。郎定伯伯还没进门,就火急火燎地对父亲说:"你儿子福寿,把我外甥的胳膊摔断了。"

啊,原来,那个瘦点的是郎定伯伯的外甥。我们正要抵赖,缚着绷带的瘦个儿,像吓破了胆的兔子一样,畏畏缩缩地挪进了我家。郎定伯伯凭着自己的想象,纯属虚构地"控告"着哥哥。我父亲一面对郎定伯伯赔着不是,一面叫母亲到里屋取钱,给他们"报销"医药费。

等送走郎定伯伯,父亲关上了门。我看到,父亲的脸涨得就像落山的太阳,连胡须也染成了可怕的橘黄。哥哥知道不妙,正要逃,父亲一把将他逮住,只听"啪啪"两声,哥哥白净的脸上,立马染上两片桃红:"今天晚上不准你困觉(睡觉)!"父亲的声音在墙上跳来弹去。

我吓哭了。

父亲终于被母亲拉走了。

面壁罚站的哥哥,又像松了绑的英雄一样,冲我做着鬼脸:"我像不像强盗?"

"像的。"我高兴地擦去泪水。

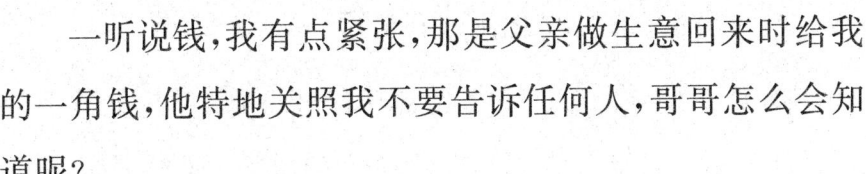

"你应该谢谢我这个强盗。"我不知谢什么。哥哥望着一脸不解的我,开导道:"你不是有钱存着吗?"

一听说钱,我有点紧张,那是父亲做生意回来时给我的一角钱,他特地关照我不要告诉任何人,哥哥怎么会知道呢?

"我没有——钱。"我低声说。

"说谎。"

"没有,真没有。"

"别装了,你的眼睛写着呢。"

我赶快到里屋照镜子,可是没有发现眼睛里写着什么,还是跟平常一样的。我跑到外屋对哥哥说:"眼睛里没写'说谎'啊!"

"眼睛里写的谎话,别人是看不到的,只有强盗能看到。"哥哥一本正经地说。

原来眼睛里的谎话,是写给强盗看的。我终于相信了,把一角钱的来历及藏在枕头里的实情,告诉了哥哥。

第二天一早醒来,哥哥不见了,我的一角钱也飞了。那天晚上,哥哥告诉我,父亲有没有给我钱,其实他是不知道的,是我自己中了他的套。但他知道,按惯例,他闯下了大祸,父亲第二天肯定要让哥哥"与羊同饿"的。他可不愿挨饿,就"盗"了我的钱,买了两根油条、四个馒头美餐了。

我知道后,又气又心疼,直骂他"强盗!"

他笑得就像公鸡在打鸣:"我就是强盗!哈哈……"

自此以后,我真的称他为"强盗"。

我上了小学后,哥哥已经念初中了。我念小学三年级时,丁老师在语文课上,教了我们几个成语,还要我们用成语说一句话。有几个成语好记,也好用来说话。有几个成语特别难理解,更别说用它说话。

有一天,我又在背成语,就是背不出意思,我急得直掉眼泪。

这天晚饭,我们吃的是年糕泡饭。20世纪70年代,是个饥荒的年代。我们家还好,父亲隔三岔五地外出做些海产买卖,有点钱赚进来,一家人还不至于挨饿,但粮食还是很紧张。我们小孩每月14斤粮票,上了初中二年级的哥哥,长得风吹一样快,胃口好得像头牛。母亲常说14斤粮票,只够哥哥吃10天,剩下的20天,哥哥就占家里人的份,可是其他人也不够啊。那时候,我只听哥哥一天到晚喊"饿死了,饿死了!"

为了不饿死,他经常从我那里打牙祭。吃任何东西的时候,哥哥总会想方设法地霸占我一点。为了防止他多吞多占,家里很多食物,母亲常常以绝对均等的形式,分配到人。一根甘蔗,一般都是拦腰分截的。分到靠近根部的,

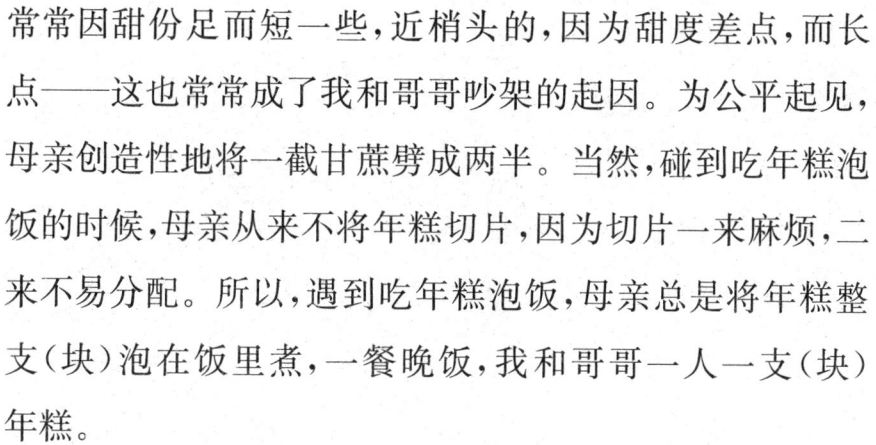

常常因甜份足而短一些,近梢头的,因为甜度差点,而长点——这也常常成了我和哥哥吵架的起因。为公平起见,母亲创造性地将一截甘蔗劈成两半。当然,碰到吃年糕泡饭的时候,母亲从来不将年糕切片,因为切片一来麻烦,二来不易分配。所以,遇到吃年糕泡饭,母亲总是将年糕整支(块)泡在饭里煮,一餐晚饭,我和哥哥一人一支(块)年糕。

因为记不住成语,我吃年糕泡饭的心思一点也没有,再说,我也不是太饿。

哥哥看出了我的心事:"又记不住成语了?"

"嗯,那个'囫囵吞枣'是什么意思?"我问。

"这个还不容易。你把碗给我。"

我把装着年糕泡饭的碗给了他。哥哥像变魔术似的,还没等我看清,碗里的泡饭早就吞进了他的肚子,他一擦嘴巴,得意地说:"看到了吗?这就叫囫囵吞枣。"

"这是吞泡饭。"

"意思一样。"

"不一样的,枣不嚼没有味道的,可泡饭不嚼,还是饭的味道啊!"我说。

"有点小道理,一知半解。"哥哥夸我了。他盯着我端在手里去掉泡饭的年糕,像个洁白的月亮,正甜甜地睡在碗里。我看到，哥哥的眼里闪过一层光亮，是那种饿狗见到骨头的光亮。

"你知道'一知半解'这个成语吗？"哥哥突然问我。

"我听老师说过，但不知道意思。"我一向老实。

"想知道吗？"哥哥笑得像朵花。

"想！"我从小就好奇。

哥哥又从我手里，拿走了我的碗，一口咬走了我的半块年糕，把仅剩的半块，塞到我手里。

我知道自己又上当了，气得大骂："强盗！"

哥哥生怕母亲听到，连忙捂住我的嘴："你不是想我教你成语吗？"

"可是你没教我啊？"

"我不是教你了吗？"哥哥指着我碗里半截年糕，狡黠地笑着，"本来你是一支年糕，现在半支被我借走了，这不是一支（知）半借（解）吗？"

"这就叫一知半解啊？"

"是啊！"哥哥得意地说。

我望着一碗泡饭，只剩下可怜巴巴的半块年糕，不甘心地大哭起来。哥哥一听，知道情况不妙，赶快逃出了家，直到很晚才回来。

可是，我仿佛没长记性似的，第二天，又会对"强盗"说成语的事。在以后的很多时候,我都会被"强盗"以同样的方法,比如以"平分秋色"的名义,吃掉了我的半个苹果;以"心急如焚"的诠释,吞没了我的香蕉。我后悔、气愤,一遍遍地痛骂他"强盗",但'强盗'总是好心情地对我说:"吃一千(堑),长一智么!"

话虽这么说,但"强盗"的这种教学法,对我的成语学习还是很有帮助的,在后来班级举行的成语接龙比赛中,我还成为班上同学的崇拜偶像,连丁老师也夸我知道的成语真多。

父亲禁止我和"强盗"一同外出去玩,原因是他会带坏我。

不过说实话,没有'强盗'带我的外出,常常会很不顺,甚至是极大的不顺。

我八岁的时候,很想学游泳。父亲说千万不要同"强盗"一同去,他那么野蛮,弄不好会让他把你给淹死。我也觉得父亲说得对。每次"强盗"去河里洗澡,总叫我一同前往,说是会非常耐心地教我,保证我不呛水,但我铭记父亲的话,就是不肯和他一起去。宁可跟着别人游。

跟了其他伙伴们玩了一些时间后,我还真学会了游泳。我很高兴能从小河的这边游到那头,大约十来米的样子。这时候,有人提议学练"鼻头泳"(方言,憋住气把整个头浸入水中),我们都说好。我们五六个小朋友都练"鼻头泳",一个接一个钻。轮到我了,我大吸一口气,"扑通"一声,像鱼一下潜到水下。起初,我还很有力气,但不一会儿,我感到胸口闷得像压了块石头,我不敢再逞能了,赶快向水面蹿。可就在这时候,我觉得自己的头上,像被罩住了一张严严实实的网,怎么也蹿不出头来。原来,由于水下黑,我游错了方向,钻到河里遍布的花生草丛里了。这种生长在河里的草,夏天特别茂盛,根节相连。如果罩住了你,没有大人帮忙,小孩一般是挣脱不开的。前年有个孩子,就因为钻到水草底下,出不来。等到大人发现将他捞上来时,早已没了气。

　　一想到这,我吓得用足了吃奶的劲,拼命扯拉着水草,可是水草太多了,任凭我怎样挣扎,除了一口一口地喝水,就是挣脱不出草丛。慢慢地,我觉得自己手脚软了,不听使唤了。

　　"救——命啊,救——命!"岸上小伙伴们的呼喊声,远得就像山上飘过来的小树叶,轻轻落地。

　　当我醒过来的时候,正在生产大队的医疗站里,父亲高兴地大喊:"醒了醒了!"母亲姐姐抱着我,高兴得大哭。我想起了刚才练"鼻头泳"的事,很虚弱地说:"我没死啊!"

　　"幸亏你哥哥,要不,你就没命了!"是医疗站里赤脚医生芹娣的声音。

这时,我才发现,"强盗"正笑着站在父亲的身边,朝我做着鬼脸。我看到他的脚上,也扎得白纱布,纱布里透着血迹,像姐姐绣在白布上的红梅花。

后来我才知道,"强盗"那天为救我小命,他的脚底被河里的破碗片划出了一个大口子,血流不止。但他像打足了气的车轮一样,把从水里捞起来的我,送到了医疗站。后来他的脚底板缝了6针。

我问他痛不痛,他摇摇头说:"我是强盗,不痛!"

父亲高兴得顺手在他头上奖他个"响梆子"。

我小学毕业后,17岁的哥哥就挑起了生意桶,跟着父亲去城里叫卖,走南闯北。每次回家时,他都会给我带上一两件小礼物,有时,是一支笛子,有时是一把口琴。

父亲在哥哥的配合下,生意做得很不错。后来,我们家建起了一间两层的楼房,引来乡邻乡亲的驻足观望。

等到我初中毕业后,哥哥就要结婚了。根据我们当地的习俗,成了家的男孩要和未成年的弟弟分家,于是,哥哥主动提出,新建的楼房分给我,家里原有的两间破旧小屋归他。

我很感动,等到我们签了分家书后,我想对他说句感谢的话。他仿佛早就知道我想说什么,把分家书朝口袋里

一塞,大声说:"我是强盗,我不会吃亏的。你一间楼房只占了一间地皮,我两间平房,不就占了两间地皮吗?哈哈,又让我抢到了。"他的笑声,好像路上捡到了一块金子,打破了萦绕在父母心上的沉闷。

若干年以后,我做上了生产队里的代课老师,哥哥像喝了甜酒似的,笑着说:"这下好,你可以把我教你的一支(知)半(借)解,教给你的学生了。这样,保证他们能记得住。"

这话还真管用。后来,我还真用这方法去教学生记住某些词句,还确实加深了孩子们对词句的理解,提升了记忆速度。再后来,我终于知道,这种和生活、习俗、方言等联系起来说话解词的方法,还真有个专用的名词叫"讨彩头",学名叫"谐音"。我还专门上过有关课,引得了听课老师的阵阵掌声。当然,这是后话了。

1986年正月十七,一个冷得刺骨的日子。风像逞能似的,席卷着稀疏的雪花,吹打着早春的大地,把天地吹得一片寒冷。幸好年味还在大街小巷回旋,要不在这样的日子里,村子里会显得特别的凄凉。

这一天,我从学校放晚学回家,母亲对我说:"刚才福寿来过了,他说去捕鳗鱼苗了。"

"捕鳗鱼苗很危险的,还是不要去好!"我望着窗外阴暗的天空。

"我也对他说的,他说他能在水上走路,不怕的。"母亲嘴里这么说,神色也变得不安起来。"砰"的一声巨响,北风粗暴地关上了家里的大门,听起来心惊肉跳的。母亲合拢了双手,对着土灶上供着的菩萨,嘴里叨念着:"菩萨保佑,保佑我家福寿出海平安!"

"'强盗'总这样,常常做一些令人担心的事!"见母亲担忧,我抱怨道。

"你也不要怪他。"母亲显然不满我的抱怨,抬头望着屋顶,很难过地说,"这房子是你父亲在世的时候造好的,到现在还没钱铺楼板。你一岁岁大起来,连楼板都没铺,找对象更困难了。"

我不知道母亲这样说,跟哥哥去捕鳗苗有什么关系。

母亲看了我一眼:"上午你哥哥到这里,对我说,这次他捕了鳗苗卖了钱,就借你三百块,买些木板,把楼板给铺了。"

"'强盗'良心是好的。"我笑了。

"你不要总是'强盗强盗'的,他哪里'强'你了。"母亲瞟了我一眼,"我做娘的心里清楚,在你们这些兄弟姐妹里,其实他最厚道最大度!"我感觉母亲有点指桑骂槐,想为自己辩驳,但一想,觉得母亲对"强盗"的评价也是客观的。特别是随着自己年岁的增长,也已经发现,母亲当时所谓以绝对公平的名义,给我们兄弟俩,分配一样的食物,诸如每人一块年糕,一个粽子,一截甘蔗等,其实是不公平的,因为严重忽视了"强盗"和我从生长发育等生物意义上的差异。不说父母那时偏袒我弱小,至少没有做到因人制宜。

窗外的风叫得凄凉,哀怨,像是有人在哭。母亲担心得不想吃饭,我也毫无心情地扒了几口。就这样,我们母子俩呆呆地坐着。就在这时,表姐裕仙哭叫着闯进我家:"阿伯,福寿的船翻了,人也找不到了。"

母亲一下瘫倒在地,晕了过去。

三天之后,哥哥的遗体从海里,被亲邻找到了。全家人围着哥哥哭成一团,母亲几次醒来又晕过去。每醒来一次,母亲总是摸着哥哥的脸,边哭边说:"你不是说会在水里走吗?你怎么不走到娘这里来啊?"

母亲在痛哭,在责怪天,痛骂地。哥哥的儿子——我5岁的侄子,好奇地看看我们,再看看直挺挺躺在门板上的哥哥,对我们说:"爸爸在装死呢!"

一旁的亲友赶紧捂住了侄子的口。

看着年幼的侄子,扶着哭成虾一样的母亲,我轻轻地揭开了蒙着哥哥的白布。望着哥哥英俊的脸,想起了小时候他替我打不平被父亲处罚,抢我年糕教我识词遭我痛骂,不顾危险把我从水中救起,我想起了哥哥对我的种种好处,眼泪像开了闸似的,流成大河。

哥哥,不,"强盗",你先去另一个世界熟悉熟悉,周游周游。若干年以后,我们还会重逢,到时我还做你的弟弟,还喊你"强盗"。

记着

姐姐

"雕雕(方言,意为挖出来)马兰头,姐姐许(嫁)到后门头。"这是我们家乡广为流传的童谣,也是我平生最先学会的歌谣。我至今仍不明白"雕雕马兰头"与"姐姐许到后门头"有何关联,但我一直坚信:天下的"姐姐"一定疼爱弟弟妹妹。要不弟弟妹妹不会用"姐姐许到后门头"的吟唱,执意把姐姐"拴"在自己的家门口。

我有两个哥哥,三个姐姐。在20世纪四五十年代,父母为养活我们六个,牛马般地整天劳作,节衣缩食。我们才幸免于冻死饿死。至于我们兄弟姐妹的日常起居、生活琐事都是靠我们兄弟姐妹,按照求近原则,心照不宣地"自助"了。大姐"结对"大哥,二姐"拉手"二哥,小姐姐(事实上我一直喊她为姐姐)"承包"了我。

姐姐大我11岁。听母亲说,我第一个学会呼叫亲人

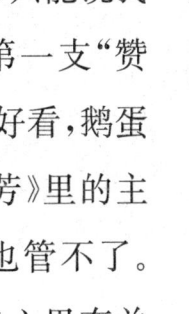

姐姐

的词不是"姆妈"而是"姐姐"。这不能怪我不孝,只能说我自小重情——姐姐与我日夜厮守,于情于理,第一支"赞歌"当然要献给我的姐姐。更何况,我姐姐长得好看,鹅蛋脸,大眼睛,高鼻梁,梳着长长的辫子,美若《小芳》里的主人公。鸟爱羽毛人爱美么——潜意识的事谁也管不了。当然,大人们说的这些我是不记得的,定格在我心里有关姐姐的最初画面,是我6岁那年,姐姐用她那根乌黑发亮的长辫子,教我做算术。

我是5岁半上的学。我清楚地记得,那一天,姐姐缠着来村里招学生的老师说,一遍一遍地说,我弟弟虽然腿脚不大方便,但很聪明,会唱好多好多歌。老师当场"考"了我。我把姐姐教我的歌唱开了:从"我爱北京天安门"到"大海航行靠舵手",还加唱了京剧"李铁梅"都有一颗红亮的心。自小我唱歌很准,声音又响又脆,老师听了很喜欢,破例收下了我。于是,姐姐高兴得逢人便说:"我弟弟5岁,就被老师招去读书了!"

可是姐姐哪里想到,智商平平的我,只是鹦鹉学舌地会唱几首歌。一进学校,我马上成为不折不扣的差生。识字不快,至于算术,我连3加4和4减3也不会。老师开始讨厌我,我也常常为做不出算术哭鼻子。有一次,姐姐来接我,老师对姐姐说,叫你弟弟明年再来读书。

我很高兴。可是姐姐不同意,央求老师让我再试试。

为了"让我好起来",从没上过学的姐姐,白天到生产队干活,晚上做起我的"家教"。姐姐拿来几根她编扇子的麦秆,用粉染成红的绿的,很漂亮。她将红的麦秆摆3根一堆,绿的4根一堆,叫我一根一根地数红的多少,绿的多少,合起来又是多少。在姐姐的反复训练下,我终于知道一根麦秆表示一个"1",这样我就不会一听加法,只会1、2、3、4、5、6、7地一个劲地数下去。会算数了,但我不会写数,特别是"3",弯来弯去,像根肠子,我怎么也写不好它。有一天,姐姐吃完晚饭,别出心裁地用她的长辫子弯出了一个"3",说:"弟弟快看,姐姐的辫子像什么?"

"像3!"我说。

"你用手指绕着姐姐的辫子来转转。"姐姐高兴地蹲下身子,把她的"辫子3"摆在我够得着的位置。原来"3"就在姐姐的辫子上,我觉得真好玩。我伸出手指,顺着她弯好的"3"玩走"迷宫",我玩了一遍又一遍。忽然,姐姐"啪"的一声倒在地上,来了个嘴啃泥。原来姐姐白天在队里割了一天的麦子,本来就累了,而为我学写这个"3",又长时间地蹲着身子,供血不良,一时头晕便栽倒了。幸好那时我们家还不是水泥地面,要不姐姐的牙准被碰落。

我吓得大喊"姐姐"。姐姐从地上爬了起来,冲着我一笑,擦去满口的泥巴:"没事的,你再写。"姐姐的长辫又变成了黑亮亮的"3"字。就这样,我终于在姐姐的长辫上,利索地学会了"3"的书写。老师说我写的"3"和书上印出来的一样。从此以后,我的写字一直都是班上第一,直到高中毕业,我一直担任班级黑板报抄写员。姐姐的辫子,是我弥足珍贵的"自制"教具;"辫子写数"法,是我姐姐献给教育的伟大创举。

我把老师的表扬,说给姐姐听。姐姐很自豪地说:"我是对你们老师说,我弟弟很聪明的。"姐姐把一脸的自信,深深地种到我的心里。

晚上,姐姐给我洗净了脸,哄我睡觉。我看着漂亮的姐姐,念起了刚刚学会的童谣:"雕雕马兰头,姐姐许到后门头。"

姐姐笑了:"为什么姐姐要许到后门头?"

我说不知道。

"弟弟,姐姐要许到别的地方,你说好不好?"

我说不好。姐姐说为什么不好。我说姐姐许到远的地方,就没人带我去雀嘴(附近乡政府名)看电影了。姐姐说是的是的,我是说过的。我说对的,等我长到7岁,你就带我去看"李铁梅"。那时,我听姐姐说有一个很好看的电影,叫《红灯记》,有个李铁梅和我一样会唱歌。姐姐还教过我其中几句,我至今记得我会唱的第一个京剧段子"我家的表叔数不清",是姐姐一个字一个句地教我的。姐姐不识字,虽然姐姐记性极好,但常有将家乡方言和京剧唱词搞混的地方,比如我家的表叔"数"不清,姐姐就教成了我家的表叔"说"不清,当然这是后来我才知道的事。当时,我只觉得姐姐唱得很好听,更想去看那个会唱歌的"李铁梅"。姐姐总说,等你长到7岁,就带你去。我说为什么要到7岁,姐姐说7岁就是7岁,不要问为什么。

"你不带我,我自己去。"6岁的我,产生了强烈的反叛心,而且像拌了酵母的面粉一样,越发越大,推动着我"废"了姐姐的规矩特立独行。

这一天放晚学,我没有回家,而是一个人"闯天下"——去雀嘴看电影。这是我生平第一次一个人"出远门"。我不知雀嘴离家有多远,也不知道雀嘴到底在什么地方,只根据姐姐平常对我说的:走过了一座五眼桥,又过了一座分金桥,可是那个令我日思夜想的露天电影场,到底藏在哪里呢?夏天的落山太阳,依然很辣,我感觉自己被晒得快焦了,口干得要死,越走越跨不开脚步,一个踉跄,我重重地摔了一跤。一阵钻心的疼痛,我卷起裤腿,发现右膝鲜血直流,我又痛又吓,大哭起来。

有个过路的老大妈,见我跌得厉害,用自己的一块手帕按住了我的伤口。她问我家在哪里,可我说不清楚,只会一个劲地哭。

天开始暗了下来。我的身边围满了一批人,他们急切地问我住哪里,父母叫什么。而我,除了知道姐姐的小名叫"爱爱",其他什么也说不出来。急得路人直摇头,我一个劲地哭。

"弟弟——"一个熟悉而尖厉的声音。

是姐姐?我放下了揉着泪眼的双手。是姐姐。姐姐红肿着眼,披散着头发,像饿狗发现了美食,猛扑过来,紧紧地抱住了我,生怕我腾空高飞。

"姐姐——"我比刚才哭得更凶了。

后来我才知道,姐姐从地里干活回来,发现我不在。急得到处去找,学校里,我的伙伴那里,老师那里都问遍了。我父亲母亲和哥哥姐姐们沿着河边又是叫,又是喊。我姐姐更是急疯了,哭喊着我的小名,不知摔了多少跤。后来,姐姐忽然想起了什么,一个劲地往雀嘴方向跑。

那天回到家,姐姐一边包扎着我的伤口,一边流着眼泪。过了好久,姐姐抱起我,把我举过了头顶,还叫我坐在她的脖子上。好一会儿,姐姐像下了决心似的,对我说:"明天,我带你去看电影!"

"真的!"我高兴得什么都忘了。

姐姐只是更紧地抱住了我。自此以后,只要雀嘴放露天电影,只要姐姐自己去看电影,姐姐的肩膀便是我柔软舒适而温暖的"专座"。

稍大以后,我才知道,姐姐坚持要我长到7岁,才带我去看电影,是因为我右腿有点毛病,姐姐担心我走不动从家到电影场的3里多路,还怕我在人流如水的电影场被人挤倒。

事实果然如此,每次去雀嘴看电影,我只能走一小段路,再走下去腿就发软,会摔跟头。每当这时,属马的姐姐,就会用她马一般的忠实,无怨无悔地背着我往前走。

我7岁那年,邻村有个小伙,记忆中他长得高大挺拔,常来找我姐姐。母亲叫我喊他哥哥。好一段时间,姐姐带着我和那位哥哥一起去看电影。有时候,那位哥哥还背我回家。

有一次,我们在看京剧《沙家浜》,刚看到阿庆嫂在春来茶馆给客人倒茶,我好像受了启发,口渴得要命。那位哥哥主动带我到电影场最东北角的小摊边,给我买了一支冰棍,一包瓜子,叫我不要走开,坐在地上吃,过会儿他和姐姐来找我。有瓜子还有棒冰,我当然很高兴。

那位哥哥安顿好我后,马上挤进了电影场。

我刚吃完棒冰,正准备打开纸包嗑瓜子,姐姐青着脸,

姐姐

气喘吁吁地跑了过来,后面跟着那位哥哥。

姐姐拉起我的手,一脸不高兴地说:"弟弟,我们回家!"

那哥哥显得很不自然,赔着笑说:"你弟弟要在这里吃东西。"

姐姐不说话,背上我就走。那哥哥想来背我,姐姐闪过身,大吼道:"不要碰!"

"为什么?"

"这是我的弟弟!"姐姐的声音像极了李铁梅骂鸠山。

我不知他们到底发生了什么,但是我隐隐约约地觉得与我有关。

那个哥哥终于没有成为我的姐夫。后来听母亲说,姐姐其实是有点喜欢那位哥哥的。由于姐姐每次与他去看电影,总是背着我,抱着我,那哥哥觉得什么话也不好说,那天想趁我喊口渴,以让我吃棒冰为名打发我一阵子,好单独和姐姐说说话。谁知姐姐知道后,骂他不是人,要是我弟弟丢了怎么办,气得与他断了交。

我把母亲的话告诉了姐姐,还天真地问姐姐:"是这样吗?"

姐姐怎么回答我的,我记不清了,依稀记得姐姐抹了下眼睛,说:"弟弟,给姐姐唱马兰头吧!"

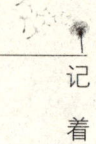
记着

我脱口而"唱":"雕雕马兰头,姐姐许到后门头。"

"嗯,后门头。"姐姐的声音很轻,好像是对我说,又好像是对自己说。后来,28岁的姐姐找了一个比她小3岁的哥哥。而且那哥哥论长相、论见识,都和我姐相差甚远,姐姐完完全全是"屈嫁"于他。但姐夫家离我家不过10米,姐姐千真万确地嫁到了"后门头"。所幸我姐夫心地善良,对姐姐关心体贴,才令我负罪不是太深。当然,这是后话。

就这样,姐姐依然一个人背着我,去雀嘴看电影。受姐姐的影响,我不喜欢看一般男孩子喜欢的战斗片,如《南征北战》《地道战》等;而是喜欢看《红灯记》《智取威虎山》等之类的样板戏。随着我的年岁渐长,年级升高,又喜欢看戏,喜欢记戏里的唱词,我的识字量大增,我几乎将几个样板戏的唱词全记住了。那时候,没有收音机,更没有录音机,要唱戏听戏,只能根据电影里看到的听到的,自娱自乐。姐姐和朋友们唱戏的时候,总会叫上我。她们忘了词,我不但非常正确地告诉他们唱词,而且还能模仿着电影中的唱腔唱给她们听。每当这时,姐姐总是规规矩矩地坐着,歪着头看我"表演"。那神情,远远胜似庙里拜佛的善男信女。

看了电影记了戏,戏里的唱词大大提升了我的作文水准。每次我的作文都被老师批上优等,我成了同学老师公

姐姐

认的"作文大王"。班上考试,我的语文年年得第一。才念了四年半书,老师说你的成绩好,直接念初中去吧。那一年,我才10岁。那天回家,姐姐高兴地抱着我、亲着我,为她孱弱的弟弟终于成为令人刮目的"风景"而激动,而自豪。

为锻炼我,姐姐还常常要我代邻居写信。那时候,农村里没有电话,更没有手机,联系远方的亲友只能通过写信。而乡村里大多数人不识字,姐姐逢人便说:"写信找我弟弟好了。"那时如果给她一个喇叭,姐姐会向全世界广播:我弟弟会写信了!

在姐姐的"招揽"下,来我家找我写信的还真不少。什么人都有,老人、妇女、青年,做生意的,退休工人……我也写过各种各样的信。有问候的,有思念,有痛骂的,甚至还有表达爱慕的。替人写信,人家总免不了给我一点"小意思",送个钢笔,送只杯子什么的,每每遇此,姐姐总是当场退还人家。姐姐反复对我说:"弟弟,能帮人就要帮,千万不要收人家东西。再说,他们找你写信,是在锻炼你。"

有一次,义王道地(地名)退休工人东美伯找我写信,是一封很私密的信,用现在话讲,他其实在外地工作时,和一个相好的同居了。我根据他的意思,写好了信,一字一句地读了一遍,东美伯很高兴,夸我写得比他想的更好。

临走时,东美伯送了我一块钱。

我很高兴。一分钱可以买一大截甘蔗,这一块钱可以买多少甘蔗啊。忽然,我想起姐姐说的话,我开始紧张了。为了瞒过姐姐,我把一元钱藏在我的内衣里。可是,晚上睡觉时,姐姐帮我整理衣服,还是发现了。在姐姐严厉的追问下,我说了实话。

"你这么眼浅!"姐姐气得打了我一个嘴巴。这是我记忆中姐姐第一次打我,也是唯一一次打我。

姐姐重新给我穿好了衣服,拉着我,把钱还给了东美伯伯。回来的路上,姐姐说:"一块钱是用得光的,一个人情,是一辈子的。"

"人情一辈子",姐姐的话像一粒种子,深深地根植在我的心田里。30多年过去了,岁月的坎坷,世道的凶险,人情的冷暖,让我越来越体悟到"人情一辈子"。我由衷地感谢我的姐姐:在纷繁的物欲狂潮中,在错杂的人情迷宫里,我倚仗着姐姐的"人情"之树,春日观花,夏日听蝉,萧吹秋月,酒饮冬雪,过得坦坦荡荡,有情有义。

推 手

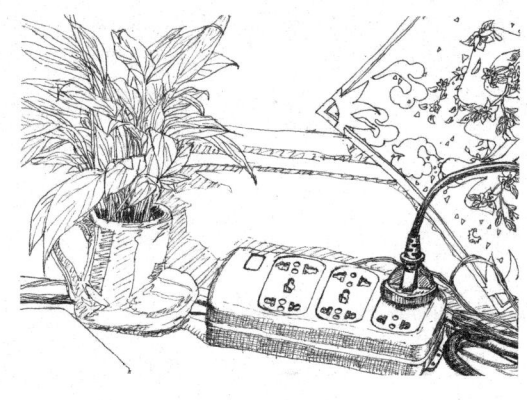

周一贯先生是我的老师。很正式的哦,教育局发过文件的。很早,2001年,现在算来整整18年了。

2009年的秋天,我去周老师家看他。刚坐定,老师说:"何夏寿,今年评特开始了,你申报了吧。"

"没有。"

"为什么?"

"我不够格。"

也不是我谦虚,我觉得自己真不像个特级:一没有著书,最多也就编过几本书;二没有立言,那个童话教育谁都会搞的。

周老师听完,用他高八度的绍兴普通话说:"怎么不够格,我看你早够格了。"

接着,周老师把我在语文教学和校长岗位做的事,一

一罗列了一遍。这还不够,他起身走进书房,从里面拿来几张纸,递给我。我惊喜地看到,周老师把我的"童话育人"的过往列了个清单。有多处,还进行了精当的提炼。

"去试试,探探水有多深。"周老师幽默地说。

我还是没信心,向周老师历数我所知道的一位位有名的老师,他们的学术如何如何有建树,声名如何如何远播,他们还都没成为特级呢。其中心思想是我不敢申报,省得人家笑话。

"啊哎,"周老师不以为然地打断了我,"何夏寿,我看你平常还是蛮要上进的,这次怎么扭扭捏捏的。评就评呗,大不了评不上。"

见老师有点生气了。我感到自己像只被赶到河边的鸭子,回也不是,进也不是,矛盾极了。

周老师给我的茶杯里添了点水,语调压下来了:"人这一生啊,是不能太功利。但机会来了,一会要争取。"

面对老师花白的头发,深情的双目,我终于下了去试试的决定。

这一试,还成了。

2013年,也是个秋天,也在周老师的书房里。老师说:"何夏寿,你想不想做《语文教学通讯》的封面人物。"

我知道,这是本名刊,在小学语文界绝对是面旗帜。

能够成为旗帜上的那一抹亮色,简直是个童话。我说周老师不要说笑话了,我像个人物吗?

周老师说:"怎么不像?我看你早是个人物了。"

我说我怎么像呢?周老师说我童话作文教学有法,童话育人有方,且用三十多年的时光打造了一所童话般美丽的乡村小学,造福了几千名农村娃娃……周老师越说越激动:"三十多年的童话教学,差不多是半生的时间,你说有多少语文名师能如此忠诚。再说不就做个'人物'吗,又不是让你做人精,说到底我们每个人本来就是个人物。"

是呀,我们每个人本来就是个人物嘛。

见我有点心动了,周老师当场拨通了《语文教学通讯》首席编辑师国俊的电话,美美地向人家推荐了我。还特别强调,这个老师不做封面人物,不是他的遗憾,而是你们刊物的失眼,听得我阵阵脸热。

两个月以后,我还真做上了"人物"。还写了一篇和人物很搭的长文章,大致是两层意思:先是回顾我的语文教学之路,其实我根本害怕走路,也没有什么路。只不过是为做"人物"强作路;接着当然是展望,不对自己后半生的语文教学展望一下,人家不但不会承认你是"人物",可能还会怀疑你是怪物——只看到鼻子下面太浅薄了吧。总而言之,我千方百计地要让人家认为,我早就是个人物了。

再说一件事,2014年,那不是秋天,是春天。中国儿童文学研究会在著名童话作家洪汛涛先生的家乡,浙江浦江县第一小学搞首届童话节,我应邀在活动中上了一节民间童话教学课。当时,周老师也在场。我的课一讲完,周老师挂着满脸的惊喜对我说:"何夏寿,几年不听你的课了,没想到上得这么好了。"

我自然装作很低调,并请老师提提意见。

周老师一本正经地说:"意见暂时提不出。但我提议你去杭州千课万人讲一课,你去不去?"

千课万人啊,不去。为什么不去?那是全国著名老师的舞台。你也著名啊。我说:"周老师,这个我真不去,几千名老师底下坐着听课,会吓死我的。"

"你没去,怎么知道会不会吓死呢?再说,我保证你不会吓死。你要是吓死了,你找我算账。"周老师掷地有声地说。

几天之后,我收到了千课万人组委会发来的邀请。

两个月以后,我走进了浙江大学体育馆,在周老师信任的眼神的目送下,对着来自全国各地三千多名语文老师的面,上了一节民间童话课。讲完最后一句话,掌声很给脸地响起。之后,一大群听课老师,有女的,有男的,女的很多,男的不那么多,都是很年轻的,纷纷围住我,有和我拍照的,也有要我签名的……我装腔作势地配合着,很是把自己当成了一个了不起的人。

回到听课席,周老师一下握住我的手,幽默地说:"怎么样,做明星的味道如何?"

我说太感谢老师了。周老师不以为然地一笑:"这跟我无关,全是你自己用实力征服了别人。"

我说没有你的提携,我是不敢想象进入这么高大上的课堂的。

"别客气了,何夏寿,一切都是你自己努力的结果。你一定要说我有作用,无非是我推了你一把。我做了个推手!"周老师一本正经地说。

对,推手!其实周老师您知道吗?跟您学习的十多年来,您在我的生命里,扮演着各种与手相关的角色。为我修改文稿时,我当您是枪手;帮我研究课堂时,我当您是助手;给我开启人生智慧时,我当您是旗手……我清楚地知道,您是我生命中不可再得的多面手。

记着

师弟

  2013年,我的老师周一贯说,你想不想做小语杂志《语文教学通讯》的封面人物。我说我够格吗?他说"出格"了。太高级了,我激动得差点晕过去。

  老先生立即打电话给编辑师国俊,向他介绍了我在语文教学方面的种种优秀。

  隔了一天,我收到一个来自山西太原的电话。

  "您是何老师吗?"一个很厚实的男声,很礼貌地说:"周老师向我们刊物推荐您。我们查阅了百度,才觉得我们之前对您太不够了解了。"

  "我可以登封面?"

  "完全可以的,只是需要一段时间,我们要走几个流程。"见我实在,男声也实话实说了。

  我们聊了将近十分钟。

男声就是师国俊,是《语文教学通讯》(小学版)的首席编辑。十分钟的电话聊天,让我感觉"师首席"为人也很首席,一个字:和。和为贵么!全没有知名教育刊物编辑的高傲和生冷。

就这样,在拟将成为"封面人物"的三个月间,我们多次电话联系。从照片的选定,文章的确定,还夹带一些教育观、文学观的交流,常常一通电话半个来小时。讲得很投机。

有一次,我打电话说:"师老师,我组建了一个'江浙沪儿童文学教育联盟',下个月我们在舟山岱山县有个活动,想邀请您过来指导。"

没想到他欣然答应:"好啊,我一定过去学习。"

2014年四月,我们"儿童文学教育联盟"学校会议如期举行。那一天,两百多个老师从浙江的各个地方赶到了岱山。傍晚六点左右,会务通知大家去入住的酒店二楼用餐。我打电话给师首席,问他现在到哪里了。他说他已经到酒店了。

我们在酒店大堂见面了。他个子很高,满脸带笑,显得儒雅、温和,"背叛"了山西人的硬朗和刚毅。他迎了上来,握住我的手:"何兄,终于见到您了。"

说实话,我长这么大,只有我喊人家哥哥,还没人称我为兄。我笑道:"你称我为何兄,那我就喊你师弟喽!"

"好好。"他憨实地笑着点头。

这次活动结束时,师弟说,你们倡导的文学教学理念很好,但从现场的几节课来看,特色还不是太鲜明。下次搞活动,你要亲自上一节课,给大家做做样子,真正儿童文学的课堂应该是什么样的。我懂师弟的意思,他希望我在联盟里,不只是召集人,而是一面旗帜。

师弟,当时我就想,我要努力把自己培养成旗帜。

第二年,我们在浙江浦江县浦阳一小,举行了"联盟"的第三次会议。我要在活动中上一节童话课。师弟来了,提前一天,是我去杭州机场接他的。

我的童话课讲得比较成功。许多人上来祝贺,来合影,有专家、有领导、有老师,那样的感觉,让我很享受,很陶醉,忘记了师弟在哪里。当人潮终于退去时,我看到师弟正远远地望着我笑。我清醒过来,刚要抬腿,师弟疾步走向我,抓住我的手,满脸红光:"何兄,你这样的课,才叫儿童文学课。祝贺祝贺!"

我不无得意地客套着。师弟这时才说下午要回太原。原来,单位里一位编辑辞了职,他这两天为赶稿子,忙得连觉也没好睡。

师弟,这件事你还记得吗,我是记着的。

　　这次活动结束后,我还真像旗帜一样,随风飘扬。十几家教育培训单位纷纷邀请我去全国各地讲课,我英勇无比地满中国跑。师弟除了尽可能挤出时间陪着我去,便是不厌其烦地打电话让我注意休息。

　　我和师弟的关系越走越近。我带着我的朋友去过师弟家,师弟也带着爱人儿子来我们这里玩。

　　有一次,我去沈阳讲课。刚下飞机,就收到了师弟的电话。我说我刚到沈阳,明天上午的课。他说知道的。我问你怎么知道的。他说上个月我们电话时你讲过的。

　　"怎么样,我过来如何?"师弟说。

　　"那不用了。那么远的路。"我说。

　　第二天,我上完了课,打开手机,看到师弟发我的短信,说是晚上八点到沈阳。我拨通了他的电话:"师弟,你真的要到沈阳来吗?"

　　"是的,我快登机了,一会儿见。"

　　晚上,师弟到了沈阳,还让我搬出会务给安排的房间,说是咱们兄弟俩好好聊聊。

　　"我课都结束了,你还到沈阳?"我问。

　　"现在你的粉丝无数,根本不需要我来添乱。"师弟笑笑说,"何兄,除了上课,人总还应该有点别的乐趣吧。"

　　"比如喝酒?"我玩笑道。我知道师弟喜酒,我朋友立军、邵瑞也爱酒。每次相见,滴酒不沾的我总是叫上我的朋友,让他们酒逢知己,一醉方休。每每这时,我总是笑着说,其实师弟不是冲我来的,是找酒鬼对酒来的。

"你又不会。"师弟笑着摇头,"但我知道你喜欢看风景。我们去看本溪水洞。前些年你讲过的。"

"是吗?"

"是的。你说那一次你听电视里介绍过本溪。"

我承认我是个很感性的人。当时我的眼眶发热了:一个远隔千山万水的朋友,一直记着另一个连他自己说过也不记得的愿望,而且为了这个称不上愿望的愿望能够自掏腰包,坐了两个小时的飞机来见朋友。

第二天,我们去了本溪水洞。

师弟,这件事你还记得吗?我永远都会记着的。

当然,要记着的还有很多。我还记着你从很远的太原,给我寄来你家乡的小米,让我从此以后,爱上了喝小米粥;不光是我,连我的朋友也记着你一次一次,给他们寄来你多年珍藏的汾酒,让他们知道了山西酒一如山西人的热烈与醇厚。

笑死

李丽萍是我1998年的徒弟,徒龄二十年了。

有一次,我和李丽萍闲聊《红楼梦》中的美人之死:林黛玉是恨死的,王熙凤是霸死的,贾元春是孤死的……

"这么多死啊!"李丽萍笑道,"那我以后会——"

"笑死!"我没经过大脑。

李丽萍兴高采烈地说"是的是的"。随之,一串水灵灵、脆生生的笑,注脚一般地响起。

我当然不是随心所欲的。要不,才不会不经大脑。

那是1999年。那年夏天,我初做校长,抓童话教学比夏天还火。放暑假了,我要学校每个青年教师,每人写四篇童话交给我。弄得有的老师,烦得好比知了叫:

"什么是童话啊,我从小到大都没写过童话哎!"

"要写四篇啊,两篇行不行?"

……

这个说不知童话为何物的就是李丽萍,那个仿佛在农贸市场讨价还价的还是李丽萍。我说,你从小到大教过书吗?你少叫点不是有时间写吗?她咯咯地笑道:"去写还不行吗?"

一个星期以后,她跑到我家来交作业,还很隆重地叫上了吴洁、苗青等人。这两个比李丽萍还迟分配一年,在她俩面前,李丽萍一直充当着大姐大。

吴洁的,不错;苗青的,可发表了。我说。

"校长大人,我的,直接获奖,是吧!"李丽萍一脸灿烂。

"你的,不像童话!"

"难道像神话?"

"鬼话!"我不容她分说,"想象平庸,逻辑混乱,重写。"

苗青和吴洁都笑了。我感到话说得有点重,特别是当着她拉来的两片"绿叶"。我担心她会哭。

她像真中奖似的,从我手中抢走了她的童话:"我知道,师傅偏爱徒弟,不让我青出于蓝不罢休的。"随即,鞭炮似的一串笑声,颠覆了我的判断。

后来,李丽萍的童话越写越好,连连在报刊上发表。2005年,她竟辅导学生写了一本长篇童话集,硬是把自己的名字写成了金近小学鲜亮的一抹。我表扬她,她得意地一扬脸:"咱本来就是白天鹅么!"

我趁机对她说:"天鹅小姐,下周一外地有个参观团,要来我们学校考察童话教育,你到时上一节童话课吧。"

说这话,我是作好她拒绝的打算。近来李丽萍老是请病假,说无缘无故头疼,到杭州、上海大医院就医也不见好转;再说下周和这周其实只隔了一个双休日。

"咯咯咯……"在"开场笑"之后,李丽萍高兴地说,"太好了,给了我这么好的机会。"

我被她笑懵了:"你的头疼好了?"

这一问,她刷的一下流泪了,像是我戳破了她的泪缸。我忘了交代,李丽萍,因家庭有点变故,从小没有母亲照顾,样样都得自己照顾自己。像她这样年纪的小姑娘,回到家,可能连洗脸水还要母亲给烧呢。而她,生了几个月的头疼病,我还要她上公开课,而且给的时间这么急。我觉得自己有点不够人性,担心她骂我脑子有毛病。

"如果……"我想收回。

"不用如果了,"李丽萍擦了下眼泪,"我星期天去备课,下周一来得及的。"

"你的头疼怎么样了?"

"没事的,反正医生也查不出什么原因。痛就让它痛吧!"李丽萍又咯咯咯地笑了,"只要你不念经,说不定我的

头就不痛了。"

"我念经?"

"师傅,徒儿知错了!"李丽萍笑着说。

我终于反应过来:"悟空,师傅表扬你!"

李丽萍笑道:"多谢师傅。我宣布,我的头从此不痛了。"

我们都笑了。

李丽萍以她出色的语文教学,尤其是童话写作,很快成为学校的语文骨干,担任了学校语文教研组长。她抓语文阅读、书写、写作,不光抓学生,老师也不例外。听说读写,每位老师在教研组上过关。谁不过关,她就学蚂蟥叮牢谁。在她的努力下,我们学校的语文教学质量,有头有脸,风风光光,深得有关语文教育专家、名特教师、市县教研员的交口称赞。李丽萍终日笑不绝口,像是吃了蜜糖。学校为了体现导向,想让她担任工会主席,让她填一张后备干部考察表。她说什么也不愿意,说她天生不爱当官,只爱教语文,想在语文教育方面为学生做一些事。

可是有一天,她突然对我说,不想做这个教研组长了。

"舞台太小,想做校长?"见她苦着脸,我笑道。

"校长也太小,我想做局长。"

看样子,她心中有气。"说来听听。万一我能让你梦想做真呢!"我说。

于是,她像放机关枪似的,把心里的委屈噼里啪啦地放了出来。

这个学期她在抓学生的朗读,要求语文老师首先过关。这周的教研活动,让每个老师朗读一篇自选课文,在组内读,大家评。大部分老师都默认了李组长的"号召",但有一位青年教师当场说李丽萍花样太多,为了当先进组长,老折磨人。气得李丽萍差点晕过去。

"语文组不是先进教研组吗?"我笑着说。

"是啊!"

"先进教研组的组长不先进吗?"

"当然先进喽!"

"那他没说错啊!"我玩笑道,"拿破仑曾经教导过我们,不想当先进教研组的组长不是好组长。"

"笑话,我这种人会在乎一个组长?"

"你不在乎组长,那你在不在乎你所开展的这些活动?"

"这是为学生好的,当然在乎了。"

"如果你不当组长,这些活动都不搞了,你在乎吗?"

"那不行的。打铁要靠自身硬,老师都不行,怎么去教学生啊!"

笑死

"这就对了。"我用手止住了她的辩解,"还说是孙悟空,才受了这么点委屈,就动摇了去西天取经的勇气,太小女人了吧。"

"哈哈哈,校长大人,我想通了。"李丽萍的脸上纯净得连白云都没有一片,"师傅在上,徒儿明白了。走自己的路——"

"让别人跟着你走!"

她一愣,随即又咯咯地笑了:"必须的!谢谢师傅!"

谢谢师傅,这是李丽萍二十年来,常挂在口头的话。每次听她这么说,我每次都觉得有点不好意思。我想对她说:

其实,我当你的师傅,并没有给你多少,只是一点点启发,一点点的鼓励。而你每次听我的课,读我的文,都是由衷的。不但自己由衷,还由衷地对别人说,这是我师傅上的课,写的文章,多高大上啊。除了自己由衷,还欢天喜地地把我上课的、写作的东西发到微信上,仿佛想让全世界都知道。

说实话,我在别的城市上课、讲座,也有人拜我为师,我也收了不少。但我知道,大多数情况,那是一种形式,或者说是一时冲动。不像你,二十多年了,天天面对我,都是一脸灿烂,一脸由衷。连我说你会笑死的,你也依然如故。

小蓝

小蓝是我的徒弟,常山人,与赵子龙无关。2015年认识的。那是个秋天,成熟的季节,我收了13个来自全省的徒弟,小蓝是其中一个。

也许是缘分吧,这个远在400公里外的徒弟,常常和我外出上课、讲座。小蓝课上得好,写一手漂亮的字,特别令我刮目的是擅长音乐。有一次,我的课上要用京剧《智取威虎山》里的一段"西皮腔",找遍了音像铺子,问遍了朋友,都没有。我急了,打电话给小蓝。小蓝说:"何老师,别急,我到淘宝上问问,要是真没有,大不了我用电脑做。"

我只好不急。何况,我对小蓝有信心。

有一次我在成都上课,小蓝同去。晚上逛街,小蓝被街头艺人的二胡所吸引。我问你会吗?他说还行。小蓝很内敛的,他说行估计很在行。我从艺人手里借了二胡,

请小蓝拉拉。他显得十分不好意思,红着脸说:"我试试,都半年没拉了。"

小蓝就站着拉开了。拉的是《梁山伯与祝英台》,圆润饱满的弦律从小蓝的手指间,委婉深情地荡了开来。一曲完了,发现我们已被过往的路人包围起来。小蓝收获了满街的掌声。那艺人缠着小蓝搞起了现场"拜师"。

后来,我知道,小蓝从小喜欢吹拉弹唱,精通好多乐器。这还不算,他的书画比音乐还行,而且还喜欢石刻。他送我的那枚石刻印章,我让一位专业的老师傅看过,老师傅说非十年功底,绝不可有此水平。我好几次想对小蓝说:"小蓝,其实你就是我的师傅啦。"但我终于没说,怕小蓝自此看不起我。

再来说说那个"西皮腔"的事了。两天后,小蓝发给我他自己制作的音乐。啊呀,那个音色,那个京味,简直就是一个庞大的京剧乐队完成的。小蓝,你知道那时我是怎样想的吗?哈哈,做你的师傅真幸福!

小蓝学校的校长姓洪,也是我的徒弟。有了这一层关系,幸福的概率就更多了。

今年年初,我那位校长徒弟给我打电话,说是5月5日,他们县里想举行一个语文活动,地点放在他学校,想让我和我的老师周一贯先生一起过去上课。我想也不想,答应了。

我运气不好。就在活动前5天,我加入了"引无数英雄竞折腰"的队伍了——折了腰,折得还不轻,据说脱位了一节。医生说卧床至少一个星期。如果这一个星期卧下来,洪校长的活动就"卧没"了。我知道,一个校长,要说动教育局,搞一个全县性的活动,很不容易的;我当了几十年周老师的学生,更知道我不好将"折了腰"的事告诉老人,要不,周老师断然不可能前去。大是大非面前,我只能舍身成仁了。

我把实情告诉了我的校长徒弟。他很感激,问我有什么要求。我说让小蓝陪我起居两天。他说这是小事,他会安排好的。

其实我知道,我不说,小蓝也会陪我的。但公事公办,我得让校长徒弟明白,人家小蓝这回是因公的。

到了常山,自然是洪校长和县教育局领导为我们接风。晚饭后,我们聊了一会天,又和校长徒弟叙了一会旧。等送走他,已是晚上十点多了。

虽然校长徒弟给我开了一个很好的双人间,但当小蓝帮我洗漱完了后,发现这个很好的房间一张很好的床出了问题。人一睡上去,就像睡在棉花堆上。要是腰不折,睡在那上面,想象着棉花,想象着白云,想象着秋千,要不了多久，准会美得要死。可是，对于一个折了腰的人，这棉花，这白云，这秋千，简直都是要命的。才一躺，我便"哎呀"叫了起来。人啊，真该对自己的可怜和渺小要有充分的估计。人真的很普通很普通，每个人都很普通，过于疼痛的时候，都会喊，而且这喊声都很难听。

小蓝迅速弯下身子，很小心地把我半抱了起来。我看不见自己的脸，小蓝一定看到了，看到了我拉得跟苦瓜一样的脸。一点没有台上讲课时的优雅、浪漫。我想，任何人都不会在痛苦面前优雅、浪漫的，除非他脑子有问题。

我无力地说："小蓝，我睡地板吧！"

小蓝轻轻地揉着我的腰："这不行的，很脏。我想想办法。"

我等待着小蓝的办法。

小蓝终于想出了办法。他一个人很吃力地把我的床垫，翻了面。自己先躺上去，试试，对我说："何老师，这一面结实多了。"

我用手一按，反面确实比正面结实。

小蓝又小心地把我一点点地放到床上，像放一块玻璃。

我无力地睡在"反面"。小蓝坐在床沿，问我感觉怎样，是否好点。

　　说实话,反面虽然比正面结实一点,但也温软,还是不理想。但想想已近午夜,我也不想太连累小蓝。故作轻松地说:"好多了,你也休息吧!"

　　小蓝熄了灯。

　　小蓝年轻,加上夜也深了,不一会儿,我听到小蓝轻微的鼾声。我多么希望我也能拥有这样的鼾声。可是,这床像是和我作对似的,似乎变得越来越柔软,腰折处越来越感觉针扎般地疼。那时,我是多么讨厌人类为什么要发明这种软不溜秋的东西。我暗暗发誓,这次腰伤好了以后,永远远离没有"骨头"的沙发啦,海绵啦……

　　我诅咒着床垫,床垫也仿佛在和我作对,让我越来越痛。睡意是一点也没有了,我悄悄地看了下手机,凌晨两点。才两点,那还得熬啊,我可不能影响小蓝呢。于是,我突发奇想,联想起革命英雄,我想起了《红岩》里的江姐,想起了《红灯记》里的李玉和,想起了《沙家浜》里的沙奶奶,想象着他们是如何经受非人的折磨,并告诫自己要勇敢、要坚强。可是不行啊,我到底不是英雄,无论如何做不了英雄的。想了半天,还是疼痛难耐。

　　我决定自救,为减轻痛苦,我将最后的希望,寄托到睡在地板上。我当然知道这地板百人踏,千人踩,要多脏有多脏。可是人到这个时候,一点儿不在乎卫生,一点儿不讲斯文，根本就是一个动物，一只狗，一只猫……我悄悄地将一条腿，一点点地伸向地板。

"何老师——"

"小蓝，你醒了？"我惊讶。

"嗯，"小蓝显然半梦半醒，"你在动吗？"

我好感动，我的动作是十分轻的，他连这么轻的响动都听出来了，他根本没深睡。

我说："这床反面还是太软，我还是想睡地板。"

小蓝这回真醒了，开亮了灯，"通"地下了床，像个侦察员似的，看了一下地板，又看看床说："何老师，要不这样，我把整个床垫都拿掉，您就睡床板上，这样——"

"斯文一些。"我抢话道。

"那倒不是。"小蓝笑笑，"地板总是不太好。"

小蓝又一次轻轻地抱起了我这块玻璃，然后，用力将整个床垫移到房间的角落。再轻轻地把我放到床板上。

我真要为木板床做广告。腰痛的人一定要睡木板啊，我一躺下去，感觉整个身板和床板结实地捆在一起，疼痛感消失了许多。我连声说："这个好，这个好。"

小蓝不好意思地说："何老师，都是我，为什么早点没想出这法子，弄得您一夜没好睡的。"

我说："小蓝，都快别这样说了。你再这样说，我有负罪感了。"

活动圆满结束了,我终于上完了我的课。晚餐时,常山教育局的领导、洪校长都说,很感动我能带伤上课,评课。其实当时我想说:"这次我敢来常山,因为这里有小蓝。"但我还是没说,因为小蓝在场,我怕他会脸红。

回程了,洪校长他们都来送我们。我用一条腿小心地将身子坐上了车,小蓝用手,轻轻地将我另一条腿提起来,放到车厢里。车开了,我在后视镜里,寻找着小蓝。没见着,被人挡住了。可是我能看见他的,这个很有才,很内敛,很有办法的小蓝。

小蓝和我的故事还在进行,暂时就讲到这里。最后我得告诉你,小蓝的全名叫蓝华飞。

结业祝词

我知道今天我要讲话的,昨天晚上就写好了——

6月6日,这是一个笑眯眯、红彤彤的日子,我们这一帮人,在结束了两年一纸为定的结伴同行之后,就要散伙了。中国人很注重两种仪式,一种是聚的仪式,一种是散的仪式。而且散的仪式更重视,你去网上查一下好了,关于聚的歌很少,而散的歌很多,比如《难忘今宵》《我不想说再见》《让我再看你一眼》,这种看一眼是一眼,看一眼少一眼的,特别适合我们此时此刻的心情。

大家千万不要误会,我要借机唱歌了。虽然我知道,我是"中国好声音"。别笑,明天版的。但我清楚地知道,什么时候该唱什么时候该说。此情此景,我必须得说,而且要说些祝愿的话。否则你们会怀疑我情商有问题,甚至脑子有问题。为了证明两者都没问题,我就发表几句祝词。

我祝福每一个学员,身体都很好。生病很吓人,模样吓人,声音吓人,心情吓人,一点诗意也没有。只要身体好,哪怕外面下雨,屋里停电,太阳也是挂在心里的,暖烘烘,亮堂堂。有太阳的日子,晚上有很蓝很蓝的天,很亮很亮的月。"但愿人长久,千里共婵娟。"这句祝福应该很合适!

我祝福大家在语文教学,特别是在儿童文学教学中,每年都能收获一箩筐一箩筐的成果。把我向大家介绍过的那些儿童文学专著,真真切切地读完,这样你就会看见儿童文学的真山峰、真气象、真精彩,这样你不会在土堆前面磕头,在小丘面前弯腰。不但如此,你们还要真实践,真研究,真对照,把你们的成果挂在我们的工作室网上。这个过去是你的,结业后依然还是你的。有这个在,学习便不再成为虚无的、不可触摸的东西。

我祝福大家都有优秀的教学业绩。有课题,发文章,上大课。在这过程中,只要需要我,我都会动脑筋,也都会使劲,包括厚着脸皮去为大家求情。我没有资源,但我愿意为大家去乞求资源。我活到这个岁数,要做减法了,不需要为自己去求资源了。我再做加法,那资源不再是敲门砖,可能是掘墓石。但大家不一样,你们正是做加法的年

龄,需要资源,需要舞台。在这个过程中,我愿意为大家一起去争取,哪怕为此让我降低身段。谁让我做过你的导师。"衣带渐宽终不悔,为伊消得人憔悴"。也许可以代表我的态度。

祝福当然还有很多,但儿童文学叙事中有一个重要的原则,就是三次反复,重要的事情说三遍就够了。再多,我们这个重要的仪式就变成不重要的了。

最后,我还想借用一句诗,来结束我的祝福。大家也许默默地说,这个搞儿童文学的人,讲了那么多的古诗显得有点神经兮兮。没有啊,儿童文学是从传统文化、民族文化中走来的,这叫不忘初心。我最后说的是,我祝福在离别之后,我们经常会有"蓦然回首,那人却在灯火阑珊处"的一阵阵惊喜。那时候,即使在如潮的人群中,我们都会摇着手说,大喊一声,某某某。于是,我们会顾不上失态,重逢的手紧紧地握在一起。有时,我们漫不经心地读着报看着电脑,突然跳出一个熟悉的名字。于是,我们笑嘻嘻、美滋滋地盯着这个名字,然后对身边的人说,你看,这是我的同学,多棒。这一夸,无疑抬高了自己的档次。

最后,我们要把祝福传到一个地方,那个地方叫千岛湖。那里,也有我们的两个同伙。一个叫闻顺美,一个叫徐小英,和千岛湖是个好地方一样,她们也是两个很好的老师。但因为种种原因,她们俩没有参加我们这样一个有点缠绵,也有点悲壮的聚会。但我猜想她们的心一定来了,所以我们也要把祝福和牵挂的掌声送给她们俩。要不,下次去千岛湖,我们会找不着她们的,那就失去了一半的风景。

最后我说一句话,就一句话:你们要保重,我一定会保重的!

(注:本文为"浙江省名师网络工作室第一届学员结业仪式"上的讲话)

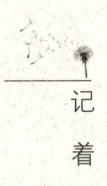记着

小胖

她注定要叫我大爸爸的。那时,我们不知是她还是他,因为她还在她妈妈的肚子里。

她的爸爸和我是同事,我们俩的关系,虽然没到共穿一条裤子,但可以让这条裤子轮换着穿。关键是我比他爸爸年长,要不,我只能降级做叔叔。因为我年长,所以能做上大爸爸。大爸爸就是比爸爸年龄要大,而不是个子大的爸爸。

当然喽,不管她是胖是瘦,我注定喊她小胖。原因很简单,我儿子昵称大胖,不叫她小胖,打折了我和她爸的兄弟情。

后来在医院里,谜底揭晓,是她而不是他。

她叫李想,这名字当然是她爸爸妈妈拍板决定的。但要说,我也功不可没,我提议的。

小胖

李想,哦不,小胖,是2005年出生的。小胖长得怎样呢,这样说吧,如果五官满分是十分的话。她的那双有着长睫毛、黑眼珠的大眼睛,光这一项就可以打十分,其他权当附加分吧。可爱是可爱透顶了,关键是她的聪明,比可爱更有写头。

先说一件她四岁的事。有一次,她在家里发脾气,大哭。那时,我们两家住同一幢楼,我听到了,走进她家,装作惊讶地说:"小胖,窗外有只鸟在看你。"

这是我创造的小胖止哭法。她哭时,我会说:"小胖快看,老鼠来了!"或者说:"小胖你看,一只狗!"这招很灵的,每次小胖都会停住哭,问:"在哪里啊?"于是,我就抱着她,一会儿说她的哭声把人家吓走了,一会儿说它们一晃就飞走了。她也准会说下次大爸爸要早点告诉我。我说好,那奖励呢。于是,她嫩嫩的小嘴在我脸和嘴处,左中右各亲一口。把我满脸涂得都是她的鼻涕眼泪。

可是这次我的魔法失灵。她还是扯着嗓子干哭。从她妈妈那里,知道她是想吃巧克力。她妈妈怕她吃糖多会蛀牙,不让。

我说:"小胖,狗屎干你要不要吃?"

她不哭了:"大爸爸,狗屎干好吃吗?"

"好——吃。"我很困难地说。

记着

"味道怎么样?"

我能说狗屎是什么味道吗。这回,轮到我要哭了。

"大爸爸说呀。"她缠着我。

我一会说甜一会说臭,语无伦次。我算明白了什么叫搬起石头压自己。

小胖上幼儿园了。

一天放学回家,小胖对我说:"大爸爸,你知道今天我们学了什么东西吗?"

"不知道。"

"你猜猜看。"

"我怎么猜得着。"

"是一个脑筋急转弯。"

"你说来我听听,看看我会不会转弯。"

"有个人,买了一双新袜子,可是有两个洞。"

"去调一双。"

"不能调的。"

"破了还不让调,去告他。"

"没破啊。"

"没破怎么有两个破洞。"

"又没说破的洞。是说有两个洞。"

"是啊,有两个洞,不是破的吗?"

"大爸爸,每双袜子都有两个洞的。要不,你脚怎么穿进去?"

"原来这样啊。"从小胖那里,我终于知道:所谓的脑筋急转弯是不能直线去考虑问题。

"大爸爸还玩不玩了。"

"你亲不亲我?"

"回答正确亲三口。"

"好的,再玩一次。"

"有户人家生了个儿子,很高兴。可儿子的左眼只有一个。"

"这户人家倒霉了。"

"没倒霉啊。"

"你要是只长一个左眼,你爸爸妈妈不是倒霉吗?"

"我本来只有一个左眼啊。"小胖按住了自己的右眼。

"对对对,每个人是只有一个左眼的。"我大悟。

看来我只会脑筋不转弯,不会急转弯。奖励是拿不到了,我便强行抱住这个小精灵,狠狠地亲了她三口。

"小胖,上幼儿园好不好啊?"

"好啊!"

"好什么呢?"

"可以学很多知识。"

我听着她不无老成的回答,哈哈大笑。

她上小学二年级的时候,她们搬家了。虽然路不远,但总不能天天见面了。但每次见面,她总会大声喊:"大爸爸,亲三口!"这时,即使我和别人在讲话,她也会兴高采烈地跑过来,跳起来抱住我的脖子,在我脸上"左中右"三下。很神圣,很虔诚。这时,我旁边的友人打趣说,李想,亲我一口行吗?小胖一边拼命摇着头,一边把友人凑上去的脸推得远远的。她爸在一旁说,这么高贵的待遇,只有大爸爸才能享受,他这个做爸爸的也要看她高兴,不是想有就有的。

因为家里是儿子,再说也长大了,少了童趣,小胖的机灵乖巧正好填补我丰富而单纯的童话性情。每次外出回家,忘什么也不会忘给小胖带礼物,吃的玩的。小胖见了我,总是通通通地边跑边喊"大爸爸,亲三口!"有阵子,流行手机页面上设置屏保页面,有放置妻子丈夫的、儿子女儿的,或是俊男靓女、名花名犬之类的。我也不落伍,在刘德华做代言的金立手机上,把小胖的照片,设定为页面。每天接听电话,第一眼看到的就是小胖甜甜的笑脸。

这个喜欢学知识的小胖,一直是优秀学生,她家一面玻璃墙上,贴满了从幼儿园到小学六年级,大大小小的奖状。小胖非常喜欢读书,不识字的时候,从听书(录音机里讲故事)开始,识字后,她喜欢读书,到了她爸爸妈妈要"藏书"的地步,怕读伤了眼睛。我约摸估计,她应该读了几百本书了。她上四年级时,我问她:"小胖,你读了那么多书,将来准备干什么呢?"我以为她会说写文章。

"当老师啊!"

"哦,当你爸爸妈妈一样的老师!"

"我要当像大爸爸一样的老师。"

"这有区别吗?"

"有啊,大爸爸是特级老师啊。"小胖忽然想起一件事来,"大爸爸,我昨天看到你的办公室了。"

"在哪里?"

"在我们学校里啊。"小胖很神秘地说,"昨天我去找我们语文老师,走过三楼,看到一块牌子,上面写着'何夏寿特级教师工作室'。我后来领着我同学去看这块牌子,我对他们说何夏寿是我大爸爸!"

小胖的大眼睛里写满了自豪。

没错,小胖所读的学校,刚刚新建了大房子,办学条件在我们区里数一数二。学校想海纳百川,聘请名师做他们的办学顾问。我荣幸受聘。学校很礼节、很温馨地在校长办公室边,腾出一间房子,挂了一块牌子,说是我的工作室。

"对对,我也是你们学校的老师,你得叫我何老师。"我开玩笑道。

"那还是叫大爸爸好。"小胖不以为然。

"为什么?"我故意逗她。

"叫大爸爸亲热啊。"

我太低智商了。她四岁时就那么智慧,何况现在是四年级的小学生。

"对对,不知'三口'有没有了。"

"有的。"小胖抱住我的脖子,照例左中右三下。

小胖上六年级了。因为读书紧张,来我家的次数明显减少了。但关于她的好消息,我从各个渠道悉数吸收:学校里的"陈笙夫好学奖",区里的"少年英才奖",市里的"书香少年"等。我还听她妈妈说学校还为她在偌大的展厅,举办了个人书画展。

那天,他们学校邀请我去参加语文教学活动。

我到学校第一件事,就去看传说中的李想同学的书画展。他们校长陪同我,介绍李想书画如何如何之专,读书如何如何之优。还补充说,李想是某某老师的女儿。我笑道:"你不知道,李想也是我的女儿。"

校长一脸茫然。我简述了我和小胖的故事。借此沾沾李想的光,让我这个顾问更加名副其实。

小胖

一个人很有名的时候,谁都想办法和这个名人拉亲扯友。何况,小胖除了不是我亲生,从感情上说,我们是不打折的。

非常凑巧,学校安排我听的课就是小胖所在的六(1)班。

上课铃响起,我有意站在会议室门口,等待着六(1)班,不,是小胖进场。

来了,远远地,我看到人群中的小胖,走在一队冒着青春气息的队列里。小胖算是高挑的。前些天,她妈妈告诉我,小胖长到一米六五,都超过她了。她也发现了我,大眼睛里跳起一朵浪花,但立即平静了。

"大爸爸——"那声音只有我能听到。

我正想喊一声"小胖好",可是她一下就从我肩膀处擦过了。

是啊,上课铃都响了,学生得赶紧坐下来。

我有意识地在小胖的身边,找了个位置听课。这是我第一次看小胖上课。整节课,我在观察小胖的课堂反应。她非常善于学习,不时将老师讲的记在本子上。而且她的学习基础很好,课堂上老师教的,问的,要求写的,她都全部掌握。她的朗读很棒,老师让她读一段有点生僻的句群,我发现她才过了一遍眼,就读得字正腔圆,有声有色。

引得听课的老师一片掌声。我趁机推波助澜,把手拍得发麻。更让我佩服的是,我坐在她身边,她一点也不分心,甚至连瞄我一眼都没有。真的没有,因为我一直定定地看着她,看着她一直没有对我回看一眼。这么好的学习习惯,她的学习能不好吗。

下课铃终于响了,课也结束了。六(1)班的孩子行了下课礼后,有秩序地拿着自己的学习用品,缓缓离开了会议室。

"小胖!"我小声地叫道。

"嗯。"

窗外的阳光照到小胖的脸上,她别了下头,避开了强烈的光亮。她迟疑了一下,对我笑笑,轻轻地说声:"大爸爸再见!"跟着前面的队伍静静地离开了会议室。

小胖那天穿着米色的棉袄,有点宽大,配着一米六五的身高,从背影看,真像个大姑娘了。

可可

小侄女叫可凡,四岁,我们都喊她可可。跟她的名字一样,在很多场合,可以平凡到忽略不计。她喊我姑爹,那声音轻的也可以忽略不计。我打趣道:"哪个蚊子在叫啊?"于是,她提高一点音量,再喊一声。其实也比刚才大不了多少。"没听到,重来!"我大声道。这下闯祸了,她无助地看着我,眼泪像珠子一样滚出来。一会儿,便泪光点点,配着她那两弯似蹙非蹙烟笼眉。对了,活脱脱一个林黛玉。

我有个爱好,空下来开着音箱,自得其乐地唱几段越剧。有一次,我爱人对我说:"可可其实蛮会唱歌的!你可以让她来唱唱。"

可可爸爸是我爱人的表弟,也是我过去的学生。很巧,我们两家是邻居。

可可的爸爸妈妈在生下她后,把自己的家开成了一个小饭店。由于临街,饭店生意还不错。爸爸妈妈忙着做生意,就把可可丢在饭店,打开电脑,让她一个人看动画片打发时光。有时候客人进来,说是放点流行歌曲活跃活跃就餐气氛,可可爸爸只好听从"上帝"的安排,放些《荷塘月色》《自由飞翔》《爱情买卖》等之类的当红歌曲。每当音乐响起,小可可就像被施了魔法,一动不动地侧耳倾听。一首不短的歌曲,两三遍听下来,都能把整首歌哼下来。我爱人常常这样说。

有一次,我去可可家,正好遇上可可对着电脑在唱歌。我惊讶地发现,这小姑娘唱起歌来不但不是蚊子,简直就是黄莺。那声音很亮很甜,而且调很准,音域特别宽,几个高音唱得非常到位。小姑娘见到我,害羞地把声音压了下来。

"可可,大声点,让姑爹听听。"

我说这话时候就做好了倒霉的打算。没想到可可的表现让我大为惊讶。她居然放开嗓子,真的大声唱起来:"剪一段时光缓缓流淌,流进了月色中微微荡漾;弹一首小荷淡淡的香,美丽的琴音就落在我身旁……"唱得好准哦,那声音就像从山谷里流出来的泉,清亮、明朗,沁人心脾。

我怀疑有个会唱歌的小精灵,钻进了可可的喉咙里。

"再唱一首给姑爹听听。"我不无贪图地说。

又是一首,《自由飞翔》……晕了,用"惊讶","惊喜"……都不足以表达喜出望外的心情。

我忽然产生教她唱戏的冲动:"姑爹教你唱戏,喜欢吗?"

"喜欢。"可可的小脸红的像旗帜。

我唱了两句:"天上掉下个林妹妹,似一朵轻云刚出岫。"正自责教得太长,没想到可可随口就将这两句唱了下来。声音圆润饱满,咬字吐气特别到位。要知道,这两句其实不是歌,是越剧呢。不光曲调有点绕,而且用的是越剧特有的方言。一般大人也不一定这么快能学得了。

我简直膜拜了。很无聊地问:"你是刚刚学的吗?"

可可点点头。

自此以后,只要一有空,我就把她叫我家,对着音箱,教她唱越剧。从《我家有个小九妹》到《手心手背都是肉》,从《天上掉下个林妹妹》到《书房门前一枝梅》,等等。可可天赋极高,很多段子往往只教了上半段,下半段自己就能唱下来。从她那里,我品味了教的快乐。

七岁时,可可进了我们学校读书。在学校里,学习啦,与同学相处啦,什么都好,就是胆子很小。教她语文的李老师经常对我说:"金可凡(可可的全名)什么都好,就是胆子太小。明明知道的问题，就是不敢举手。有时候你让她站起来回答，她会紧张得双眼含泪，一副可怜兮兮的样子。"

有一次，教体局组织经典诵读比赛。我让李老师辅导可可去诵读《红楼梦》里的葬花词。李老师一直认为可可的声音很好听，很高兴地接受了任务。结果那次展示，可可把林黛玉的孤傲和才情，清高和善良淋漓尽致地展示了出来，结尾处"一朝春尽红颜老，花落人亡两不知"的越剧唱腔，更是征服了全场，连评委老师都乱了套，一个劲地拍手叫好。这个节目毫无悬念地获得了第一名，又被区里推荐到市里比赛，照样捧了个一等奖。

可可屡屡获奖，让我越来越清楚地知道，凭我这种三脚猫的功夫，无论如何不能再误人子弟了。我郑重地对她爸爸说给孩子找一个专业老师。他爸爸学生般地听我的话，给可可找了一个专业剧团演员，当她的老师。非但学唱腔，还学表演。

有一天，我去她家，她跑过来问我："姑爹，你知道《窦娥冤》是哪个流派的代表作？"

可可居然考我了，而且考得那么专业。

"这出戏，我不是太熟，不知道。"

"你也不知道啊？"可可很有成就感地笑了。

"说来我听听。"

"是吕派,吕瑞英。"怕我不懂,还特别强调着。

"哦,想起来了。"我望着满脸春风的可可说,"唱两句给姑爹听听。"

"好啊!"可可非常大方。

"地呀地,你不分好歹何作地?天哪天,你不辨贤愚枉为天……"清澈明亮的声音一下从可可的嗓子里流了出来。正唱着,有几位客人从外面走了进来,我担心可可会就此打住,但可可像是没看到他们似的,依然唱得入情入境……

这日子,水一样流。可可读六年级了。那年十月,全国"首届'越语文'大课堂"的活动在我校举行。那一天,有一个名字像旗帜一样鲜艳的名师借可可他们的班上课。课堂设在舞台上,台上黑压压地坐着七百多名从全国各地赶来听课的老师。名师上的是张岱的《湖心亭看雪》。这是一篇文言文,课文虽然不长,但生字词堆积,句子生僻。为了让学生对课文有个总体感受,名师特意安排了初读课文环节。不知是可可那张古典美的脸吸引了名师,还是名师不经意的一瞥与可可的期待遇见,可可被叫到了。

我看到可可用她惯有的文静,缓缓地站起来,老练地按了下话筒开关,轻轻地将话筒送到了嘴边:"崇祯五年十二

月,余住西湖。大雪三日,湖中人鸟声俱绝……"可可的朗读,似风似云似雾似露,充盈了整个礼堂。等到她刚念完了最后一个字,全场积压已久的掌声潮水一样奔腾起来。名师赞道:"可凡可凡,你的名字太低调了,你太不平凡了!"

那天晚上,我问可可:"当着这么多人面,老师让你读课文,紧张不紧张?"

"这有什么可紧张的?"可可笑着说。

是啊,对于一个七岁就登台演唱的她来说,四年的舞台经历,早就把所有的紧张和胆怯、不安与忐忑扔给了舞台,抛给了过往。留下的,是自信,阳光,智慧,诗意,远方……

贝贝

我坐上了车,看到贝贝在哭。

"贝贝,在哭什么啊,明天不是挂红领巾吗?"

"还挂红领巾,你看看她考了几分?"贝贝的爸爸开着车说。

我这才注意到,贝贝手里的练习卷。

这是一年级上册期中语文练习,前面是根据拼音写词语、组词、按课文内容填空之类的积累题,贝贝都做对了。最后一题是表达题,题目是:亲爱的小朋友,开学两个多月了,请写几句话,介绍班里发生的新鲜事。

这道题,贝贝一个字也没写。这10分,她得0分。她的卷子上,写着大大的90。在小学一年级,90分是有点拿不出手的分数。难怪小姑娘坐在爸爸的车里哭。贝贝的爸爸是我们学校的副校长,教育观念蛮前卫的,特尊重孩

子自由发展,并没有因此责怪贝贝,只是小姑娘自己觉得伤心,对着分数掉眼泪。

"好了好了,贝贝,昨天的故事还讲吗?"这两天,我因自己的车子出了故障,在车行里检修,上下班一直搭他们的。贝贝知道我喜欢看书,会讲故事,一坐到他们车里,她总是缠着我给她讲故事,而且要讲妖魔鬼怪的故事。这小姑娘胆子大!

一听说讲故事,她脸上直接雨止出太阳。她丢下试卷,拉着我的手说:"大爸爸,我们再讲僵尸的故事好不好?"

说实话,我肚子里妖魔鬼怪的故事不多,有的也不适合七八岁的孩子听。为了满足她的好奇心,我受作家王路讲《尸兄》的故事的启发,虚拟了一个僵尸的形象,给她讲《僵尸的故事》。其实,不是我在给她讲,而是我创设了一个情境,故事主要还是贝贝自己在讲。这小姑娘特别会编故事,我起任何一个头,她都能顺着这个头,一直往下讲。好多次,我产生过想把和贝贝编故事的经历录下来,整理成《僵尸的故事》。说不准,还能步卡罗尔和邻家小姑娘编《爱丽丝漫游奇境》后尘呢!

"那就继续讲僵尸吧。"我心里没底地说,"我们上次讲到哪里了?"

"讲到僵尸来到了金近小学。"

小姑娘记性真好。经她一提头,我想起早上上班的车上,我给她讲到这个几千年前的僵尸,在天上飞啊飞,有一天,终于来到了金近小学。于是,我便有话了——

"僵尸来到金近小学,谁第一个看见了啊?"我心里的答案是"保安叔叔"。

"金近爷爷看见了!"贝贝声音像放鞭炮。

"啊——对!"我很会看风使舵,"金近爷爷怎么说呢?"

"欢迎你啊僵尸!"贝贝的表情非常丰富,她歪着头,假装想了想说,"你到一(3)班教室里去读书吧!"

贝贝真心爱着僵尸,真心爱她的一(3)班,她把僵尸落户到她们一(3)班。

"对。僵尸就来到了一(3)班教室里。"我总是尊重童心,"僵尸通通通地跑到一(3)班。谁看见了呢?"

"王老师!"

王老师是贝贝的班主任,也是她的语文老师。

"对,王老师。"

"王老师说什么呢?"

"王老师说,僵尸,你会背诗吗?一定要背的。背不出,就不给你回家的。"

"要是僵尸说,我不会背,那你会教他吗?"我说。

"会啊。"

贝贝

"你教他哪一首呢?"

"我教他一二三四五,金木水火土。"

我开始扮演僵尸了,学着贝贝的调,跟着她念一二三四五,金木水火土。过了一会儿,我说:"这个诗太简单了,只有两句话。"

"还有呢!"

"哦,还有啊?"

"天地分上下,日月照古今!"

"天地分上下,日月照古今!"

贝贝认真地说:"僵尸,上课时一定要举手发言哦。"

"好的。"

我彻底成了僵尸:"那如果我要上厕所呢?"

"举手啊!"

"我肚子痛呢?"

"也要举手啊。"

"看到外面有小鸟飞呢?"

"上课时,不许看窗外的。"贝贝一本正经地说,"僵尸,上课时看窗外,不给你戴红领巾。"

我连声说好的好的。

"僵尸,我们去童话园里好不好?"贝贝打破了冷场。

"哪个童话园啊?"

"就是我们一(3)班旁边的。"

我知道,贝贝说的童话园,就是我们学校里一个童话景观。这里的一大堆石头上,画着各种各样的动物,组成了一个个有趣的童话故事。有《夏洛的网》,有《三只小猪》,有《拔萝卜》……

"那么多的童话啊,你给我讲个最喜欢的吧。"成了僵尸的我故作惊讶。

"好吧!"贝贝热情地说,"僵尸,我给你讲个《三只小猪》的故事,你一定要听好哦。上课不专心听,红领巾不给你挂的。"

"好的好的。"我一个劲地点头。

贝贝讲得真好,这么长的一个故事,完整地讲了下来,临了,还加了一句:"僵尸,你把故事讲一遍。"

"谁是僵尸啊?"

"大爸爸是僵尸啊!"

"那你呢?"

"我是王老师。"

"王老师,我忘记了第一句怎么讲?"

"你是猪啊?一句都没记住!"

"我是僵尸猪,我要吃了你!"我很夸张地把贝贝按在怀里,我们都哈哈大笑起来……

啊，贝贝小小的心里，有着无穷无尽的新鲜事，这都是我们一般语文老师无法知道，也没有想过要去知道的。我们想知道的，而且是千方百计地变着法子想知道的，是她会不会写几句话，哪怕这几句话，僵硬的如钢筋，腐朽的似臭鱼，也胜过贝贝满脑子的奇思异想，温婉柔情。我们一直在进行课改，"把人放在当中央"的课改：教材编了一套一套又一套，教法改了一拨一拨又一拨，经验出了一个一个又一个，但从贝贝期中练习这件平常事上，似乎没有多大的作用。一张薄薄的考卷，依然冰冻了孩子灿烂的欢笑，遮蔽了孩子生命的蓝天。

事情过去两月有余了，每次和贝贝在一起，她还是缠着我讲《僵尸的故事》。我们编了一个又一个，写下来，拍个30集的电视应该不成问题了。可谁会想到，这是一个语文表达题得0分的孩子为主创作的。

贝贝肯定忘了那次哭鼻子的事了。孩子雅量，不会计较成人世界曾经对她的伤害。但这并不意味着我们可以不思不想，不改不变。夜深人静之际，贝贝哭鼻子的场景，总会一次次浮现：评价评价，怎么评，评什么，才能真正体现所评之价啊！

我听到贝贝在哭……

现在想来

现在想来,我肯定不会这么做,肯定。

那一年,校长让我教三年级。那时小学学制比现在节约一年,五年。三年级是"转折期"——处于这种由低年段向高年段过渡的年级。

班里有一个男孩,叫夏田田。从二年级起,他的班主任就让他坐最后排,也不是因为他成绩不好,更不是因为他长得难看。丢在最后,主要是因为他个子太高。也不是因为就他会长个子,主要是因为他比人家大两岁。也不是因为他是要大两岁上学,主要是因为他爱玩,学得慢,人家一年就读完的书,他两年才勉强读完。那班主任对他妈妈说,这孩子最好重读二年级。

村小一共才8个老师,同在一个办公室,对于夏田田

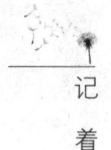

的"故事",我早已听得耳朵起茧。一想到要教他,就反胃。

书总是要教的。

秋季开学第一天,我捧着一叠新书走向三年级教室。一进门,看到几个男生正在桌子上你追我跑地打斗,最起劲的就是夏田田。见我进去,别的孩子赶快从桌子上跳下来装好人,就他目中无人,不但不下来,还在桌子上学着《铁臂阿童木》,又唱又跳。我一下就来火了,大吼一声:"滚下来!"

我的声音足够大了。

但他依然站在上面,而且变换频道,开始唱《聪明的一休》——"格的格的格的格的,我们爱你……"

全班大笑。

我听到自己的火"腾腾"上蹿的声音。我把课本往讲台一丢,抓起一根教鞭,冲到他跟前,抓住他的手,对着它就是一阵子抽打。起初,他用视死如归的眼神看我,不一会儿,就像被杀了一刀的猪一样,嚎叫起来。

"下次还捣乱不捣乱了?"我停止了抽打,实际上自己也有点累了。

"我不读书了!"他擦了把泪水。

"好,你滚!"我的火还在燃烧。

他一下就冲出了教室。还等没我回过神来,又一下奔了回来。

"怎么又回来了？"

"我拿书包！"

我把他的书包狠狠地砸向他。

我完胜了他。

第二天,我来到教室,一眼就看到他静静地坐在位子上。看到我,有点不好意思地笑了。我第一次看到他其实长得很帅气的:瓜子脸,大眼睛,鼻梁很挺。

"不是说不要读书了？怎么又来了！"我不屑。

他微微笑笑,有点像庙里的菩萨的笑。

说真话,我是希望他能来的。昨天动粗以后,我心里很后悔的。还有,他的歌唱得蛮好听的,特别是那首"格的格的",我都准备要他到学校广播站去唱的。但我嘴上不会这样说,因为我是老师！

接下来的三年,我一直做他的语文老师,做他的班主任。我们成了朋友。对,朋友;不对,老师。反正我们经常一起吃饭,一起看书,一起唱歌,还一起去逛街。30多年过去了,依然是那种亦师亦友的关系。

我们常常说起这事,且都这么认为,当年投诉老师没有普及,要不他会告我严重体罚学生。如果那样,我不被开除,至少也不可能在那一年评上优秀教师。

记着

我要交代一下,那年他十三岁,我比他大五岁。其实是两个青春期男孩的故事。

再说一件事,现在想来,我更不会这样做了。

也是20世纪80年代的故事,那时田田他们已经毕业了。我教下一届。是五年级,自从田田他们那一帮学生毕业以后,校长就把我钉在五年级了,说是适合做"把关老师"。把什么关哦,真的是有愧领导抬爱。你看,我同校长较上劲了。

我再次强烈要求带学生去海边搞个活动。我说,学校是靠海边的,可老师连个海也不带他们认识,多没劲。校长说:孩子们不是经常跟大人出海吗?我说那不一样,学校组织的才叫有意思。校长说要是出了安全事故那就没意思了。我说见个海就要出事,什么逻辑啊。校长一生气就不理我。我无语。

无语不等于无计划,无行动。

相反,我计划好了,还开始行动了。那是农历八月十五晚上,我瞒着校长,集合了班里32个同学,来到海塘上,面对着大海,举行"月光下的赛诗会"。我想起来了,那是1987年,比今天的"中国诗词大会"要早30年。不晓得今天这个"大会"是不是受了我的启发。后悔没去注册。

那时候的家长,也比今天的家长更懂家校合作,谁都没有反对。校长不是我们村的,我们搞活动时,他们全家正在抬头望明月,才不会低头思海边呢。不思更好!

那天我们关心的不是月亮明不明。8月15日,月亮不可能不按常规亮相,再说她也就"亮"这么一招。我们也不关心风儿轻不轻,海边的孩子台风都不怕,还管什么风轻风重。我们只关心海塘上能不能听到不重不轻、不快不慢的海水声,因为这声音,是我们比诗赛歌的免费伴奏。

等到我们来到海边,月亮已经笑眯眯地站在海塘上等候了。我们便开始我们的节目,先是全体大合唱,唱的是苏小明原唱的《军港之夜》,有月亮追光,海浪伴奏,海风舞蹈,够有诗意了。接着我们朗读诗词。那是什么诗词啊,这个是《年轻的朋友来相会》,那个是《幸福不是毛毛雨》,连《聪明的一休》也带上了。

"你们这叫诗词吗?"

"老师这不是诗是什么?"

"这是歌词。"

"那什么是诗词呢?"

我背了一首《静夜思》。问他们:"听过吗?"

五年级的孩子齐声说:"没有。"

"这才是诗词,好听吗?"

"不好听,还是歌词好听。"

难怪了,他们根本就没读过诗,教材里也没有。问题是我的肚子里也没多少诗,要不我会背上100首,背到他们说好听。其实,这个赛诗会的点子,也是前不久我从刚刚读到的《青春之歌》里看来的。我觉得这个"赛诗会"蛮时尚,于是我要孩子们也时尚。可是我忘了,我们这群农家孩子,根本没有读过诗,怎么也时尚不起来。当然,孩子们也不是真来玩诗词的,他们更大的目的在于要和同伴们一起夜游大海。过了一会儿,孩子们都说这样背来背去没意思,我们还是到海滩上抓小鱼小虾去好。我当然同意,这本来就在计划之中。

8月15日的潮水早就退去了。这一点,我是清楚的。孩子们随便下海滩去玩好了,不会出事故的。我指挥一声:"走,捉鱼虾去!"

我们这支32人的队伍就下了海滩。

"何老师,我抓到一条狗屎弹(跳鱼儿)!""我捉到一只横格蟹了!""快来看,我的大黄鱼!"不一会儿,我们捉到了好多鱼虾蟹,我看看手表,快8点了。于是宣布返回。

我们开始爬海塘回家,就在这时,陈皮叫起来"蛇"!月光下,陈皮正拎着一条扭动着的蛇,狠狠地往石头上甩。

甩死了。陈皮说。

你有事吗?

有事,被咬了一口。但是条水蛇,无毒的。陈皮笑笑。拎起死蛇,说过会扒了皮,红烧,味道很好的。

我们都说好。

不一会儿,我们来到学校,我开了食堂的门。孩子们生火、烧水,我们煮了鱼,蒸了蟹,爆了蛇……疯狂过后,我一看,九点。我说撒了,明天不要告诉校长。否则,我们没好果子吃。孩子们都说谁说谁是叛徒,开除。

幸运的是,谁也没有做叛徒,直到小学毕业。校长根本不知道我们开过"月光下的赛诗会",当然还有星期天"和大山约会"、烛光里的"毕业晚会"等。

现在想来,那时我太过狂妄,狗胆包天:一无审批,二无保险,三无安全预案;无视领导,无视学生安全;开除公职不算,不判你两年,难以警示后人。

现在想想,好可怕哦!

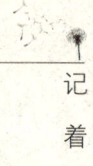

记着

学生

我的学生很多,都教了40年书,能不多吗?就写两个八八届的吧。

先说娟娟。娟娟有三个哥哥,她爸爸在镇供销社工作,临时的,每个月18块钱。她妈妈体弱,不但种不了地,还三天两头跑医院。后来她妈妈脑子出问题了,据说是想出来的:家里孩子一大帮,全靠丈夫一个人赚点钱,自己又要看病花钱,日子像辫子一样,又黑又长的。她不停地想,不分昼夜地想,终于想出了病。

我是她五年级时的班主任,语文教师。那时,她妈妈脑子有问题两年了。但我从不在娟娟面前提她妈妈的事,显出一点也不关心的样子。这孩子的眼睛告诉我,多愁善感的,我怕关心过度出问题。

娟娟在班级里,不出大声,不走大步,不大和人玩,在不在一个样。

要是一直如此,我当然也不会写娟娟了。问题是有一天,她突然让自己一鸣惊人了。

这一天,我正在上课,读课文《大仓老师》给同学们听。"啊——啊",尖得刺耳的声音,从教室里蹿起,像是母狼发现孩子让猎人给掳走了。是娟娟,她正怒视着同桌小蓝,那眼神,绝对要杀了小蓝。

案情不曲折,很快就破了。娟娟有个笔记本,红皮,带锁的,摘抄了很多流行歌曲唱词。小蓝居然偷偷地打开了它,不但偷看歌词(有几首还是爱情歌词),还弄破了其中一页。娟娟非常生气,怒吼起来。

我让小蓝向娟娟道歉。第二天,我把自己的一本《好歌100首》给了娟娟。娟娟的眼泪,仿佛早就准备好似的,一下子落了下来。

后来,娟娟小学毕业了,听说在初中里歌唱得很好,常常在学校文艺会演中亮相。

平平,也是八八届的学生,和娟娟一个班。如果说娟娟是灰姑娘的话,那么,他绝对是白马王子。会读书,人长得帅气,是班长,据说从小学一年级起就当班长,我喊他"老干部"。平平家,爸爸会赚钱,妈妈会理家,一点没问题。这个自己和家里都没有问题的孩子,有一天,惹出了

记着

问题,而且还不小。

问题是这样的:平平的笔记本,不知被谁拿走了。他便去人家四年级教室,拿了一个女生的笔记本。拿就拿了,可平平在人家的笔记本上,写了自己的大名。写就写了,可人家四年级的小女生在内芯做了记号的。四年级的陈老师当众一翻,找到了小女生笔记本上画着的黄蓉。这叫人证物证俱备。

"平哥哥"这下倒霉透了。陈老师报告校长。校长一听,这还了得,得严肃校纪,决定第二天,召开全校师生大会,通报批评,还要将"老干部"就地免职。

我急了,连夜跑到校长家,我说:"校长,给小孩子不要定偷窃这个性。这事放大了,学生不好听,我们学校也不光彩。明天我让他到你那里,你好好地教育教育他。把大事化小,他好,你好,我们也好。"

感谢校长,体恤民情。

后来,平平优秀地毕了业。听说在初中里,受到全校表扬无数次。

我要讲的故事到此结束吗?没有,如果到这里就结束了,这故事我就不会把它写出来的。

我当然还要讲下去。娟娟后来参加了浙江省青年歌手大奖赛,获了个省金奖。后来被招进了县文化馆,再后来调到市群艺馆,做了声乐老师。平平,考上了绍兴市第一所中等专业学校,毕业后,分配到一家国企,后来,当了这家企业里管人事的副总。

日子就这么一天天在长,他们都从十来岁长到了四十多岁。这三十来年的日子里,我们有很多故事吗?似乎也没有,我们各忙各的。但说没有也有,当然啦,不是那种哭哭啼啼的故事,是那种不是很容易认为不是故事的故事。

说两个吧——

"何老师,您在绍兴吗?真的在绍兴吗?"

是娟娟在电话里对我说的,那声音就像捡到了一块金子。这一天,2016年5月的一个星期五,我应邀在绍兴鲁迅小学上课。刚到学校,就接到了娟娟的电话。我问她是怎么知道的,她说她儿子在鲁迅小学读书,刚送孩子来校,看到学校电子屏上,写着欢迎老师您来鲁迅小学上课的信息。

我说:"是的,我在鲁迅小学,是绍兴文理学院安排我来这里上课的。"

"何老师,您什么时间结束,我来接您去我家吃饭!"

"不要了吧,中饭学校肯定安排的。"

"我知道。可是老师,您总得让学生尽尽地主之谊啊!"见我迟疑,她说,"老师能到绍兴上课,是我做学生的光荣。要不我去单位请个假,我就进学校来听您上课。您讲完后,我接您再去我家。"

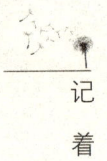

记着

我只好说:"娟娟,工作为重。我上完课,大约11点,到时你有时间就过来,没时间就不用过来啦。"

结果当然是娟娟过来了。吃学生的,特香。

说完了娟娟说平平。相比娟娟,平平因为是男生,和我接触得可能多一些了。每年年初一,平平总会电话我:"何老师,在家吗?"

"在家呢!"我说,"今年就别来看我了。"

"要来的,要来的,我马上就到了。"

门铃即刻响起。

我一下打开了门,捧上了沏好的茶。于是,我们天南海北地聊。

写我学生的故事,除了炫耀,还有点感激。我常常想,我只是在他们开始学习走路的时候,指了一下,扶了一把。我根本没有想过要让他们长大了请我吃饭,向我拜年。可我这些小小的做法,很多年了,他们还一直感激着,记忆着。在这里,我想对娟娟和平平说:"其实你们是我的老师。你们让我知道,一点很小的关怀和恩情,也值得我们用三十多年的生命去记住她,去珍惜她。"

娟娟,其实那天,我是很想和你一起吃饭的;平平,每年的初一,其实我是早就沏好了茶的。

我推辞,因为我有点不好意思。

接机

这些年,我拖着一个旅行箱,很像个人物似的,在全国各地讲童话。我本来以为这个现实的世界,童话的普及率很低。可事实上,我对事物的判断,和那口井底生活着的那只青蛙一样。

讲个故事来自证一下。

那年暑假的一个下午,成都,飞机刚刚落地。

我打开手机,一个成都号码,应该是来接机的吧。我划动了接听按钮,一个不高的男声:"何老师吗?我是这次活动前来接您的司机。我已到成都双流机场,您看一下短信,出站后怎么走,我已发您了。"

我挂了电话,边走边看短信。短信很长,告诉我出站以后,到几处几号去找一辆什么牌子什么号码什么颜色什么型号的车。我承认,我数学不好,物理不行,对车辆更没

记着

有半点兴趣。对于短信里所提及的这些涉及数字的、空间的、车型的东西,没有半点感觉。有的只是一个字:晕!

我心里有点不高兴了。这个师傅也真是的,直接出口处来等我一下不就完了吗?还要我到处去找。我还联想起某一部电影里的一句台词:我们在暗处,敌人在明处。对于一个成都的司机来讲,客人在明处,他们在暗处。我找他们不易啊!

可是不高兴归不高兴,找还是要找,除非有本事直接走到会场去。

我开始照着短信提示,拖着旅行箱,满停车站地找几处几号。七月的成都,火一样的热。停车站里的太阳,像撒了野一样,把满腹的火气发到行人的身上,似乎不晒死几个人,就怕人家不记得它的威猛。在太阳底下走了十来分钟,汗水如雨一样地湿透了身子。

终于,我找到了短信上的地点了,那里正好停着一辆车。我像沙漠中见到一汪水,兴奋地跨过去,拍打了一下驾驶窗门。

车窗挂下来了,啊,是一个女的。感觉不对了。那女的一脸茫然地问我拍她车干吗。我开始结巴了,语无伦次地说到这里干什么干什么的。"找错了!"那女的很不客气地白了一下眼,随即关起了车窗。

定睛一看,车号不对。我暗骂自己文盲。庆幸没有拉开车门坐上去,要不,被人家当作流氓直接送成都公安局。

这时,电话来了,是那个接机的:"何老师,您在哪里呢?"

还问呢?我正气不打一处来,态度很不好地说:"你到底在哪里啊?我找到几处几号,可不见你的车。"

对方听出我的不满,更友好地说:"何老师,您可能没留意看(短信),我的车不是停在地面,而是停在地下室里。这样吧……"

"你说什么?车子停在地下室啊!"

"是的……"

弄了半天,他的车不是停在地面。我早就燃起的火终于"通"地蹿了上来。我想,只要心里有火,说出来的话一定不是童话,也不是神话,肯定是鬼话:"你怎么搞的?到底是你来接我的,还是我去接你的?要让我上天入地去找你?我不坐你的车了,我自己打车去……"

虽然我快把自己烧死了,但还有一部分理智活着,我听到电话里对方在一遍遍地说:"不好意思,何老师,您别打车,也别走,我马上到,马上到……"

当时我的火,根本不可能用这么几句话能够浇灭的。我听你个屁,你不让我打,我偏要去打,你有个车稀什么

记着

奇。可是,我环视了四周,哪有什么车供我打啊。要打,还是要退回机场出口处,得再走十分钟。这回,我是走也不是留也不是了。我恨自己命苦。

正在懊恼,一辆黑色轿车树叶一样,飘到我身边。没容我反应过来,驾驶室里跳出一人,一把"抢"走我的旅行箱:"何老师吗,我是来接您的司机,不好意思,让您辛苦了。"

我像小偷被人当场捉住似的,很不好意思地坐进他的车子里。

车厢里空调开得很舒服,清凉清凉的。小伙子把一瓶矿泉水递给我:"何老师,一定口渴了,喝口水吧。"

人真是个感性的动物,尤其像我这样喜欢摆弄点文字的人,被小伙子这么一说,不但火消了,还开始为自己刚才的发火后悔起来。

我喝了口水,从驾驶室的后视镜里去看他的长相。他真的很年轻,不过二十来岁,脸上还有几颗淡红的青春痘。

"何老师,其实我是应该把车子停在地面上的,这样接您方便点。但当时我想,地面上太阳太晒了,怕您坐进去不舒服。虽然也可以开空调,但一时还降不了温。所以,把车子停在地下。"小伙子稳稳地开着车。

听他这么一说,我突然想到了我儿子,他应该和我儿子差不多年纪。我儿子正做着律师,他要是也碰到我这样的服务对象,不知会如何处理。

冷静了下来,我再偷偷地看了下短信。是的,人家确实写得清清楚楚,出站后坐直梯下楼,便是停车场。人家为了我坐着凉快些把车停在地下,是我自己文盲一个,没看清楚,就满世界去找,还冲他发那么大的火,他不但不计较,还向你道着歉。其实,我不适合搞童话,或者说我的童话只是说在嘴里,写在纸上。人家的整个生命已是童话了:年纪不大,能为服务对象着想;即使受了委屈,也不声张,任凭你责怪。

我开始难受起来,而且这种感觉越来越深。车子出了机场后,我终于开口道:"小伙子,刚才我态度不好,向你道歉,请你一定原谅我的鲁莽。回家后不要把这事告诉你的父母,你父母听了会心疼的。"

这么说着,我的眼睛发热了。我就是这个德行,觉得温暖,心里充满了情感和爱的时候,就是这个样子,和心里一委屈,火就狗一样地蹿上来一样。

"哪里,何老师,您客气了。要道歉的是我。我是应该去出口处等您的,那就不会让您大热天到处去找了。"

我看到,小伙子的脸红了。

这个下午,最后没有被毁掉。非但没有,我还把这个下午的感动、温暖种到记忆里。

车到宾馆以后,我们不但握了手,还互相拥抱了。我抱他的时候,就像抱着我刚刚久别重逢,即刻又要天各一方的儿子。我悄悄地擦去了不忍的眼泪。

大约一个星期后,特别说明那时我已回家,我收到了他发我的短信,除了再次向我道歉,还希望我下次来成都讲课时,再能让他来接我。

"让我掉下眼泪的,不止昨夜的酒。让我依依不舍的,不止你的温柔……"赵雷的歌曲——《成都》仿佛是为我而作的……

借钱

讲一个很好玩的故事给你听。

本来这个故事是不会发生的。我好好地开完了会,好好地开着车回学校。要是好好地回到学校,那就没有这个故事。问题是我没有好好地回到学校。快到学校时,我接到了一个电话,是村党支部杭书记打给我的。要我去他们村里看看:村里正在做一个文化长廊。我是他们的文化顾问,当然得去顾问顾问。

我把车调了一个方向。就这么一调,故事来了。一个中年女子在车道上拼命招手。这人真是的,要是我调得再过一点点,她还真"砰"命了。好险,我刹住了车,放下了车窗。

"先生,不好意思,我孩子在温州上学,病重了。我们去不了温州。"这人,没说话先红脸了。

我感激她不玩碰瓷之恩,礼貌地说:"您慢慢说。"

我终于明白了,她和丈夫在这一带包地种田,他儿子在温州上大学,上午接到电话说是病了。夫妻俩准备去温州看儿子。可是在附近加油时,钱包让人给偷了。现在身无分文,向我借点路费。

我当然要借她的了。那时,我的儿子也正在温州念大学。将心比心,儿子病了,相当于山河遭侵,十万火急呢。不对,我凭什么相信她儿子就在温州念大学,又凭什么相信她的钱包让人给偷走了。这社会好人多,可骗子也不少啊。我犹豫了。

她满脸通红了,很尴尬地说:"我知道你是不会相信我的,这社会!"

我有点不好意思起来,仿佛我是社会会长。

这时候,从不远处的一辆老式的桑塔纳轿车里,走出一位也是满脸通红的人,男的。

"先生,我们夫妻在这里包地的。要不是突发了这种事,我们这么年纪轻轻的,哪会厚着脸皮向人借几百块钱!"他说着从手上摘下一块表,"这表押着,明天这个时候,我来赎。"

这两人还真是夫妻相,都爱红脸。

我容易动情,天生的。

这社会骗子多,但老实人也多啊。我不能因为有骗子,便冰冻了自己的爱心。

"去温州的过路费是150元,我给你们300元吧,还就不用还了。"我开始掏钱包。

男人连忙说:"一定要还,一定要还。"

"先生,你反正借我们了,就借1000元吧,也许我们路上加个油什么的,我们明天路过,打电话给你,或者我们到你那里来还钱。"女的脸又红了。

我又犹豫了。

女的对男的说:"你快将这位先生的手机号码记下来,方便我们还钱。"

我好像是向他们借钱,很不好意思地报了自己的手机号。男的很快就将它存到自己的手机里,还拨打了,直到我的手机里显示他的号。

我本来是想给他1000元的,但想起了电视里报刊上的骗局,还是手下留情吧。我把500元往女的手上一塞,像偷了别人东西似的,驾车逃了。

一会儿来到村里,杭书记问我怎么迟到了,我把"学雷锋"的事讲了一遍。她连声说,何校长你真是个童话,他们是骗子哩。然后,又拓展道:前些天,某某某遇到过,某某某经历过。这些人都会说儿子病了,老母病了,结果全是

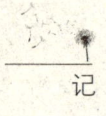

假的。我半信半疑,用手机一拨那男的号,一个冷冰冰的声音:"您拨打的手机已关机。"

哈,500元就这样"献爱心"了。我晕!

故事讲到这儿,除了证明我脑子进水,他们脑子没水以外,其实还不是好玩的。因为,我还没讲好玩的——

第二天,有一批人来找我。人群中有昨天见到的那对夫妻,今天他们的脸一点也不红了,穿戴得像刚刚参加完盛大庆典。再一看,还有熟人,我们市里的某个领导。

领导说:"何老师,昨天你把500元借给了王董!"

那男的原来是王董。他递过来一只很白的手,温暖地握住了我:"我来还钱啦,昨天说好的。"

女的连声说:"上虞的爱心不打折,不打折!我们投,一定投!"

我怀疑我脑子不好使,听不懂投什么。正想问,男的说:"这个学校校舍太挤,设施也陈旧。我出5000万,把学校重建了。"

我没有做梦吧。我咬咬手指,很疼!

我认识的领导笑嘻嘻地说:"王董是某国际知名公司的巨头,昨天他和夫人在上虞搞爱心测试。你在不认识他们的情况下,急人所急,想人所想,把500元借给他们,着实令他们感动。他们认为,上虞是最具爱心的城市,你是最具爱心的市民。今天特意来看你,电视台还要采访你。"

摄像师笑嘻嘻地支好了摄像机,女记者笑嘻嘻地走过来,把话筒递向我。

哈,我成上虞爱心大使了。我的命真好!

看着笑嘻嘻的大家,我准备笑嘻嘻地说两句。突然,身旁的王董、王董夫人、领导他们都慢慢地腾空起来。一会儿,摄像的,带话筒的也都腾空起来。我一"激动",醒了。

这就是我认为很好玩的故事,它有两个部分组成,分别是美丽的骗局和美丽的好梦。故事讲完了。

这个故事的中心思想:无厘头。

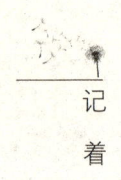

记着

酒吧

要是那一天,我心情不好,或是她不说可以带人,那就没有这个故事。可偏偏那天,我心情好得想飞。为什么那么好呢?因为,我被巫婆(江苏省特级教师巫新秋,别称巫婆)邀请去她的学校讲课。能被巫婆看中,特别幸运,这是心情好的原因之一;之二,巫婆还让我在她的学校里开个我的拙作《爱满教育》读书沙龙,好体面哦。你说,我的心情该不该好?好晕了!

就在我差点晕过去的时候,我的手机震动了。我一看是陌生的号。要是往常,我肯定不接,可那天,什么都接,哪怕是敲诈的,就当故事听。电话里那头的声音还真好听,女的,像唱歌的张也。

"请问是何老师吗,我是浙师大的杨平……"人家不是张也,叫杨平,是浙师大负责教师培训的老师。

我听清了杨平老师的意思,叫我4月25日去衢江讲个课。不巧啊,这个日子我早答应某教育集团的邀请了,我婉转地向杨老师拒绝。杨老师在电话那头,甜蜜地说:"何老师,一天的课,您讲半天,还有半天可让您徒弟讲。"

这样啊,我开始犹豫了。犹豫什么呢?近年来,我带了好几十个省内外的徒弟。这些弟子很优秀,上课啦、讲座啦都很优秀,但优秀不能像一潭水,静静躺在一个地方不动;优秀应该像一团火,去燃烧、去燎原。我这个所谓的导师,应该努力为每一个优秀的弟子,寻找和搭建展示的舞台。我曾经对我的学员说过,我只是一名普通的老师,手上没有资源,但我一定努力去为你们争取资源。因为我是你们的导师,我要感恩你们的哄抬。

就这样,我像一头野狼,被杨平老师的电话猎住了。

事后,我很困难、很无底气地向那个教育集团作了解释。感谢他们雅量,达成了下移一天的协议。

杨老师和我加了微信。

4月初,杨老师打电话给我,问我本月14日是不是要去浙师大。我说是的,消息那么灵通啊。她说,从我的微信里获知的,要带十几位徒弟去浙师大儿童文化研究院搞活动。电话那头,杨老师热情地说:"欢迎何特,到时请您吃饭,尽地主之谊。"

记着

4月14日,我们一帮人来到了浙江师范大学,和著名儿童文学理论家方卫平老师及他的研究生,联合举行了一次儿童文学教育研习活动。活动搞得很高端,很有品位,连语文教育专家王尚文先生也来了。老先生上午听了三节我徒弟的课,下午还作了诚恳而深刻的评课。他说完后,是浙师大其他教授发言,一个接着一个。大概晚上五点钟的样子,我的手机震动了,一看,是杨平老师的电话。她说她已在我们活动的楼下等我了,接我一起去吃晚饭。

我好感动啊,并感动地说,杨老师,算了吧,我们的活动搞得特别欢,再有个把小时恐怕也结束不了。她居然好心情地说,没事的,慢慢来好了,我会在楼下一直等着的。

活动一直到六点结束。走出屋外,师大的校园里已是灯火通明了。有一个身材姣好的女子正站在一路灯下,向我们这里眺望。

"何老师好。"那姣好身材的女子,笑成一朵花地冲我招手。

原来她就是杨老师,长得有点像邓丽君。

我叫上了其他三位老师,坐上杨老师的车。

一路上,杨老师向我们介绍着过会儿我们前去就餐的地方:"在金华城郊,很好的一个音乐餐馆。"还没等我开口,杨老师接着补充,"我在网上查过何老师的资料,知道何老师喜欢音乐,所以找了个有音乐的饭店。那儿的音乐柔柔的,轻轻的,像水。"

我瞬时感到那如水的音乐来,轻轻地清洗着我的脸。

杨老师的车子,把我们带到了郊外。车子进入一个小花园,花园里的音乐热烈地迎接着我们。

我们踏着音乐,下了车。花园深处有座四合大院,上面写着"郊外音乐"四个大字。我们跟着杨老师进入室内,原来是个音乐酒吧。傍晚七时左右,正是营业的黄金时段,重金属,架子鼓的声音,大有非把小心脏震破的企图。

杨老师真潮。

她把我们带入音乐的潮水里。一会儿,来到二楼包间。包间不大,地形不错,正对着一楼的舞台。四面全是窗户,窗户还敞开着。

杨老师在说话,但吐出的每一个字,全被乐潮吞吃了。我只看到她的嘴巴一开一合,像潜水的鱼儿,很滑稽。

"在这里吃饭?"我很无聊地问。

"是啊!"杨老师扯着嗓子说,不,喊:"这是怎么回事?我中午到这里来吃过的,那音乐很柔很柔,可现在怎么这样吵。这是什么地方啊——"

"酒吧!"我也大声喊。

"啊,酒吧啊!看我这个人,哈哈哈——"杨老师摇出铃铛般的笑声,"太难为情了,不好意思,不好意思。"

我们几个很解人意地说:"一般饭店我们见多了,但真没有在酒吧吃过饭,我们就潮一回!"

"对对对,潮一回!"杨老师笑成一朵花。

可是花马上蔫了。我们毕竟不是二十来岁的小青年了。在座的,包括最小的杨老师,都是四十好几,我都奔六了。我一直以为,中老年的听觉里,早已消逝了消化高分贝的因子。才吃了一会儿,我感觉自己头晕目眩了。为了不倒在音乐里,我暗暗决定突围。可面对杨老师一脸的灿烂,我还是努力装出喜欢的样子。可装是装不长的,再下去,真没命了,我开始自救,起身去关窗户。

杨老师显得很尴尬,赶快抢着把小包厢里的所有窗户都关死了,连声喊:"真吵啊,真吵啊。"

我们故作轻松地说:"这下好了,这下好了。"

杨老师起劲为我们夹菜,以此来转移我们注意力。可是,迪斯科像跟我们作对似的,穿过薄得可怜的窗玻璃,肆无忌惮地钻入我们的耳膜。一会儿,男高音要命似的飙起来,把窗户玻璃都吓得跟着摇晃。我们四个面面相觑,摇着头笑。

"对了,我到舞台上去为何校长唱一首歌吧。"杨老师从座位上弹起来。

我们都说这主意很好。

杨老师烟一样地飘出包间。

一会儿,杨老师又蛇一样地游进了包间,很无奈地:"他们不让,说酒吧不是KTV,不能让客人唱歌。"

我们都说没事没事,拼命吃菜,还大声喊:"真好吃,真好吃"。我们只能这么做这么说,要不我们担心杨老师会哭。

熬了半个小时左右,杨老师喊:"你们看过我们金华的彩虹桥吗?"

我们都说没有。

杨老师说带我们去看看,可漂亮了,跟天上的彩虹一样美。我们都说好。其实大家心里都明白,彩虹美不美无所谓,关键是谁都不想在这里送命。

杨老师的车子逃离了酒吧。一路上,杨老师一直在介绍着彩虹桥如何如何美如彩虹,听得我们的心也像彩虹一样飞了起来。车子很快把我们带到了杨老师描述中的彩虹桥,可是除了夜色中的一团漆黑,什么也没看到。杨老师说她没看过彩虹桥,是看过的同事告诉她的。还说,我们再去别的地方找找,一定能找得到的。

车子又走进了另一片漆黑。杨老师放慢了车速,不停地在车内嘀咕:"这彩虹桥在哪里呢?在哪里?"过了一会儿,她想下车去问问人家对面开店铺的,正准备开门下车,后面传来了刺耳的喇叭声。我们一回头,发现我们的车子太霸道了,停在道路中央,把后面的车子全堵住了。我们几乎同时对杨老师说:"都晚上十点多了,我们回宾馆吧。"

杨老师终于不再坚持了。回宾馆的路上,杨老师很歉意地说:"太抱歉了,没让你们好好吃,又没能让你们看到彩虹桥,我这个东道主,太不合格了。"

我玩笑道:"彩虹应是天上有,人间哪得几回见。看不见是正常的。留点念想吧,下次我们还要再来么。"

大家一起附和。

杨老师连声说:"下次再来,下次再来。"接着,是一串水灵灵的笑。

我们都被感染了,一起跟着笑。

故事就这样絮絮叨叨地讲完了,好像没有中心思想。我只是想说:多少年以后,我会记住那个晚上的童话,音乐很响,彩虹很美。

车祸

我备了节童话课，像怀了孩子，很兴奋，不"生"不快——自己学校三年级三个班级，全讲了一遍，还不过瘾。于是，我打电话给夏丏尊小学校长。校长不无客气地说："你一个名师来我校上课，求之不得呢！"

不管人家真心还是假意，我当真心就是了。

第二天，天下着雨，清清爽爽的。我开着车，带着两个徒弟去夏丏尊小学。

"何老师，昨天您的那节童话课简直叫完美，学生写的效果太棒了。"一个徒弟说。

"您的评价语好幽默，好机智，真的让我们脑洞大开了。"另一个说。

我感觉好得要从车里飞出来。

"何老师，夏丏尊小学快到了呢。"

125

记着

是吗?这么快,要不是徒弟提醒,我会将车子开过头的,我赶快刹车。

夏丏尊小学在我们车子的左侧。我打出左转向灯,把车头慢慢向左转动。一会儿,车子来到了学校大门附近。

就在这时,我吃惊地发现,对面有个人,打着一把花伞,骑着一辆自行车,直冲向我的车。倒车显然来不及了,我一边死死地踩住了刹车,一边按响了喇叭。可打花伞的,依然奋不顾身地冲了过来。

罪过啊,这飞来的横祸!

"嘭"的一声,自行车不偏不歪地撞在我的车头上,随即,花伞里滚出一个人,是个姑娘,穿牛仔服,戴着耳机,一头撞向我的车,紧接着,一声沉闷的"咚"。姑娘栽倒在车头下!

这祸闯大了。我们三个赶快从车里奔了出去。

那姑娘自己从地上爬了起来。谢天谢地!

"你的伞怎么打的,车怎么这样骑,还戴着耳机,我都按喇叭了,还是一个劲地冲过来。"我一激动,就忘了自己是个教师。

姑娘摘下了耳机,颤抖着,盯着我的车头。

这么老练,一看就是碰瓷的。这时,电视、报纸里听过看过的关于碰瓷的种种,一下子泛了上来,我等待着看她

"演出"。

"真不好意思,"姑娘的脸喝了酒一样红,"我不是故意的,你的车子有没有坏?"

这是帷幕!我双臂交叉,看她下面怎么唱。倒是我的两个徒弟,一前一后地跑到姑娘的身边,问她哪里痛,哪里不舒服。

姑娘也不回应,像是犯了错的学生,耷拉下脑袋,小声说:"对不起,我不是故意的。"

这回轮到我低头了。在太美的东西面前,我会抬不起头的。我为自己的无聊、阴暗感到羞愧。

"哪里哪里。"我将功赎罪,"你走两步,看看哪里不舒服。要不,我们去医院好了。"

"我没事,没事!"姑娘握住我徒弟给她扶起来的自行车,把伞收了,任凭小雨打在脸上,小声地问,"我可以走吗?"

这姑娘的口音一听就是外地的。我简单地问了她一些情况。没错,她说她是广西柳州人,到这里打工一年了。在镇上一家伞厂干活,此刻她要去赶早上八点的班。她说,自己从小喜欢音乐,刚才在听歌,又打着伞,没注意我的车子,也没听到我的喇叭声。真的不好意思,把我的汽车撞出一道痕。姑娘边说边流下了眼泪。

记着

这时,我们都发现,姑娘的右半张脸上,起了一小块瘀青。

我没问姑娘的年纪,我想应该跟我儿子差不多,说不定还得喊我儿子为哥哥。我的儿子天天和我们生活在一起,过着饭来张口,衣来伸手的生活。而她,一个人从那么远的家乡到这里打工,得自己照顾自己,也不知今天有没有吃早餐。被撞了还要受到我阴暗的猜测,甚至责怪。

我有些难受起来。

"还是去下医院吧,放心一点。"我说。两个徒弟也一起说。

姑娘又流泪了,摇着头说没事的,问我的汽车修修要多少钱。

我有点想流泪:"车子不用修的,一点疤痕而已。"

姑娘放心地点了下头,又一次问:"我可以走吗?"

"这样吧,我把手机号给你,要是一会儿你觉得身体不舒服,可以打电话给我。"我终于想出了一个解决尴尬的方法。

我报给了姑娘我的手机号。

姑娘似乎在听,也似乎没听。

我从她的自行车车兜里,拿出她折叠起来的花伞,替她撑开了,递到她手里,"骑车小心点。音乐回去听。有事给我打电话。"

姑娘一抹眼睛,轻轻地说了声"我知道了",骑着车走了。我们的告别,有点像父女。

这天,我的课上得很成功。老师们都表扬我整节课都在笑,像是捡了金子。

姑娘,不知你的脸怎样了,那天,不,是那段时间,我一直在等着你的电话,不骗你!

「挖地人」

那是个星期天,我抱着一个新买来的花盆,匆匆回家。在一个拐弯口,手中的花盆与一个人迎面撞上了。

"哐啷"一声,花盆掉在地上,像一朵打碎的浪花,激起无数的水珠。那人打了个趔趄,幸好撑住了对面的墙壁,才没有跌倒。我吓得连忙去扶他。

这时,我才发现,他是一位六十多岁的老人,满头银发,佝偻着腰,脸上的皱纹,让人想起老唱片的密纹,还有刻录在里面的悲欢离合、酸甜苦辣。

他的身边停着一辆清扫车,他一只手捏着扫把,额头上渗满了豆大的汗珠,像是刚沐过浴。这下可闯祸了。平日里听到的装死、碰瓷、敲竹杠等等词汇一下跳了出来。

我正要开口道歉,他一脸歉意地说:"师傅,我走得太急了。这花瓶多少钱,我赔!"老人操着浓重的外地口音,惋惜地看着地上的"花盆雨"。

我舒了口气，暗自庆幸碰到一个不是太刁的外地人："是我走得太慌了，你撞痛了没有？要不先去医院？"

老头根本没听我说，只是盯着地上的花盆："这花盆要多少钱？"

"不值钱的，更不用您来赔。"

老人紧绷的脸一下就舒展了。他用衣袖擦去了脸上的汗水，一个劲地说："谢谢，谢谢，你真是个好人。我们'挖地人'，要靠你们多多照顾了。"老人的普通话不好，将"外地人"说成"挖地人"。

他的脸色土黄土黄的，真像个挖地人。

为解内心恐慌，当然也为表达我的歉意，我和老头聊了起来。这才知道他是我们小区的清洁工，昨天刚上的班。看他大把大把地扫着地，不像有伤痛的样子，我也放心地回了家。

不久后的一天，我倚窗而立，见他正在打扫落叶。他挥舞着大扫把卖力地扫着地，金黄的落叶映衬着他瘦弱的身影，显得执着而清寂，让我莫名地想起我过世的父亲。

我赶快整理了一堆旧书旧报，满满一纸箱，捧到门口。

见是我，他笑成一朵花："何老师好，今天是星期天，你们休息哦。"嘿，他居然知道我姓何。

我把东西放到他的脚下："这些报纸啊,纸箱啊什么的,我们家不要了,你可以收起来卖掉。"

他点点头说："好!我卖掉后再给你钱。"

我知道他误会了,连忙说："不是这个意思,我是让您去换点钱。这些废纸是我不要了的。"

老人迟疑了一下,连声说："好的,好的,你就是照顾我这个挖地人。"

那以后,我经常把家里不用的陈年旧货,什么破桌断凳、包装盒子之类的东西,一次一次地送给他。他见到我也会主动打招呼。后来我留心地发现,我们家门前的那条道,经常被他打扫得一尘不染,我甚至觉得比家里的地面还干净。

一个冬天的早上,我打开院子门,准备去上班。看到他站在门外的寒风里,手里捧着一只红花盆,样式和上次撞破的那只十分相似。见到我,灿烂地一笑:"何老师,这个花盆,给你的。"

刹那间,我心中涌起一股难以言说的感动。这么多天了,我这个"肇事者"早就忘了此事,而作为被害的他不但不计较自己的伤痛,倒一直想着要赔我花盆。这真让我感到羞赧。

"你买来的?"我这个老师居然问出这样低水平的话,

我后悔得真想咬舌。

老人一愣,说得很坚定:"我昨天从花鸟市场买的,三十五块钱。"

"三十五啊,太让你花钱了。"我真为老人心疼,"我说过不用赔的。再说,上次的事本来就是我自己不小心。"

"我是没赔。这花盆也是你自己买的。"老人见我疑惑,很神秘地凑近我说,"你送我的东西都很好卖,很值钱的,我都卖了好几十。你说,这花盆还不就是你自己买的吗?"

我知道再推托太伤老人的心了,便顺从地收下了。

老人满足地看着我把花盆放进小院里,笑着对我说:"何老师,我今天要回老家去了,可能要过些时日再来。"

啊,回老家,太突然了。我这才意识到,我还不知道他是哪里人,甚至还没问过他叫什么名字。

老师最大的特长就是"知错能改",趁着老人就在面前,我赶快补上了这一课。

我这才知道,老人姓黄,是福建南平人。年轻时和爱人在老家一乡办砖窑厂干活,后来,爱人不慎被机器轧断了一条胳膊。为照看爱人,防止她轻生,他也辞了职。后来,他们生养了一个男孩,可那男孩体质不是太好,干不得重活。一家人就靠家里开的一家小店维持生计。为多挣

些钱,他通过早些年在这里打工的堂弟,来到我们小区做清理工。他说这小区的老板为人好,给他安排了一间小车库住。还给车库刷了白,屋里亮堂堂的,像天堂一样。每个月他还能拿得到一千多块钱。

多么与世无争、知足常乐的老人。我真想告诉他,这些待遇,是小区老板最起码的用人报酬,你完全可以不必记在心上,甚至还可以提出更高的要求。可是面对老头一脸的平静和安详,我觉得自己的想法简直就是离间,甚至作乱。

"何老师,你对我这个'挖地人'太好了,太好了,我真不知道怎样谢谢你。"老人念叨着,眼里泛起亮光。

真是个好人。我忽然心生依恋:"你还回来吗?"

老人没有直接回答我:"是我老娘身体不好,她都九十岁了。我应该去照顾,去照顾!"

啊,原来老人家还有老母亲,他们家太困难了。我正想插几句,老人显得有点心急了,加快了语速:"何老师,你上班去吧。我也走了,我七点三刻的汽车。"

"七点三刻啊!"我一看表,"现在都七点了。"

我们住地离县城的长途汽车站约有十公里路,如果现在就在公交车上,要按时赶上那趟开往福建的长途车,也是急巴巴的,何况老人还要先去镇上的公交站。我当然也知道,老人本来可以在七点三刻之前赶到长途汽车站的,如果不是为了等我。

"老黄。"我第一次这样称呼他,"我送您去车站。"我走到我的轿车旁,拉开了车门。

"这不可以,不可以的。"老人边说边向后退,那样子让我联想到小鸡面对老鹰。

"老黄,现在都七点多了,您都赶不上那班车了。"我真的像老鹰一样,一把拉住了他的手。

一听说赶不上班车了,老人慌了:"那我的车票,都一百二十块钱呢!"

"所以么,上车吧!"我下了命令。

老人犹豫了一下,从随身带的一只塑料袋子里,取出一块毛巾,将那毛巾垫在我的车垫子上,然后拍拍衣裤,再使劲地跺了跺脚,生怕弄疼汽车似的,慢慢地坐了进去。

我将老人送到了车站。一路上,老人不停地说着谢谢。还说,他从做人起,还从没有坐过这么好的车。这回他是叫花子进了饭堂。

老人走了,我像是少了一位要好的朋友,常常有意无意地说起他,想起他。其实也不光是我,我爱人也多次问我:"老黄什么时候回来?"

我后悔没有向老黄要个联系号码。

其实不光是我们家,小区的那些道道,肯定也想老黄了。老黄在时,他们就像有妈的孩子,一日多遍,由老黄给擦身洗脸;老黄走后,他们便成了没妈的野草,整天蓬头垢面,无人问津。

又是一个星期天,我拿起扫把,清扫起家门口的道路来。因为,小道上满是废纸垃圾,再这样下去,别人还误以为我落魄到垃圾管理所了。平常看老黄扫地,觉得蛮轻松。但自己一体验,还真不容易。一条才十几米长的路,扫了半个多小时,还没有清理完。我回家去喝了口水,准备接着干。刚走出家门,看到老黄背着一个蛇皮袋回来了。

"老黄!"我高兴得像中了大奖。

"何老师!"老黄的声音,像被音响放大过。显然,他也很高兴和我小别重逢。老黄卸下蛇皮袋,抢过我手里的扫把:"何老师,你看书去好了。这个活,我来做。"

"你母亲没事吧?"

"嗯,没事了,她好起来了。"老黄边扫地边说,"我老娘病好了,我又可以来这里享福了。"老黄的脸上挂着幸福。

中午时候,家里的门铃响了。是老黄,他手里提着一个小布袋。看到我,笑笑说:"何老师,我从家里给你带来点金银花。你们老师吃开口饭,说话多,泡点金银花茶喝喝,对喉咙有好处。"

我的眼睛有点发热。他又说:"你对我那么好,我都不知道给你点啥好。这是我自己摘的,很干净,不值钱,只是点心意。"

我像木头一样,机械地收下了老黄的礼物,也没请老黄走进我家来坐坐。等到老黄走后,我才蓦然觉得自己手里捧的,不是一袋金银花,那是老黄一颗沉甸甸的心。我似乎看到,老黄戴着斗笠,在炽热的太阳底下,一朵一朵地为我挑花、摘花。

从那以后,我和老黄走得更近了,时不时去老黄住的车库串串门。从那以后,我们家"不要"的东西也越来越多。有"不要"的电饭锅,"不要"的电风扇,"不要"的电视机,当然,也有"不要"的被褥衣帽等。老黄每次拿着我的这些"废物",总是一个劲地说:"我这个'挖地人'交了好运,好运!"

老黄是闲不住的,他在小区的一块空地种上了各种蔬菜。从此,我们家长期吃上了老黄的新鲜蔬菜,有挺着身的芹菜,长着毛的冬瓜,挂着露珠的茄子……

这一年快到冬天的时候,我去外地出差。回家后,我爱人告诉我老黄大前天回福建老家了,临走时还特意来我家。老黄说,他家老母亲摔了一跤,可能不行了。还有他儿媳也快生了，家里劳动力不够，这次回去恐怕不会再回来了。他把我送他的"不要"了的电视机、风扇等全都留在车库，说这么好的东西，他不可以拿走的……

"老黄还说，本来想等到你回家，当面向你道个别。但实在担心母亲，怕来不及送终。"

我怅然若失，好半天不作声。

就这样，老黄离开了我们。一晃三年了，我给老黄打过两次电话，一次没通，另一次是他儿子接的。他儿子告诉我，他奶奶在爸爸回家后不久就死了。他爸正去地里干活，问我有啥事，要不要过会儿打过去。我连忙说："没事，没事。"

我忽然意识到我不应该再打电话了。老黄的生活就像一部黑白老电影，简单、安逸、从容、宁静。任何世俗地添加色彩，无疑是野蛮的打扰，粗暴的干涉。我最应该做的是收藏起关于老黄的音容笑貌，以备份的姿态，存储在自己的记忆里。日后碰到躁动的日子，发霉的心情时，用"老黄故事"给自己解解烦，消消毒。

开班

近几年来,我煞有介事地当起了导师来,区级的省级的都当。我送走一拨,又迎来一批。平日里,今天接温州徒弟的电话,明天收嘉兴徒弟的短信,后天去宁波徒弟那里讲课,把自己弄得像明星。夜深人静的时候,我骂自己:臭美!

我母亲活着的时候对我说:"人家对你客气,千万不要当成福气。"我记住了。母亲在与不在一个样。

今天,我网络工作室第二批学员开班的日子。

还是先说昨天吧。昨天,我的 13 个徒弟,要从浙江的四面八方赶来和我相聚。有坐汽车的,有坐高铁的,也有自驾的。他们在那么繁忙的复习阶段,从那么远的地方,丢掉手头的工作,还要丢掉与亲人美好的周末聚会,跑到偏僻的金近小学来见我,我觉得有点不好意思。我唯一能做的是站在校门口,一个一个地将他们迎进门来。

可汽车站火车站距离学校还有一段不短的路程。我知道现在有滴滴打车,可那是在陌生的地方才用的玩意儿。我不能让我的徒弟,来到我居住的地方,留给他们的第一印象是陌生和冰冷。

我让立军、丽萍他们,分头代我前去接站。本来安排邵瑞去火车站接洪永海、洪岳、蓝华飞的。可偏偏学生那里发生了一起小小的纠纷,邵瑞去不成了。于是我只能放弃像国家领导人那样,在国宾馆门口一一迎接徒弟们的到来,自己驾车去车站接三位徒弟。

终于大家都到齐了,后来我们互相认识,互相问候,我请他们在一家小饭馆里吃饭。我起身先敬大家。我说一路上你们辛苦了,欢迎你们。他们显得有点激动,端着杯子说谢谢师傅。

其间,我一个劲地介绍这个菜那个菜。其实我对菜没有半点研究,他们要是真问,我会无语的。但我必须尽地主之谊,不但如此,还"逼"着他们一定尝尝。而且我还不断地问"好吃吗,好吃吗"。累得他们不无讨好地说"好吃好吃"。

这一餐吃的时间可写一篇长论文了。我们走出饭馆,外面大雨瓢泼,我用车子将他们送到了镇上早就定好的小宾馆。他们都说师傅您回家休息吧。我当然不会走的,美好的童话才刚刚开始呢。于是,我们在永海和华飞的房间里,大家围坐在床上,海阔天空地聊了起来,从家庭到学校,从书里到生活……告别的时候,我说明天起得晚一点,七点半,我来接大家去吃早餐。有人抗议,师傅,太早了。我改口道,八点如何?大家都没意见了。这帮大孩子,只是尝尝讨价还价的甜头,并不贪心。

现在正式说今天。早上七点半,我来到了小宾馆。迎接着他们每一个下楼,收获早晨水灵灵的笑脸。我为徒弟们付房费时,大家都不让,但我还是抢赢了。尽管我知道他们可以去学校报销的,但我担心把师徒情都给报没了。

后来,我们来到了我的学校。会议室外,雨热闹地下着,室内,我们的童话故事也开始了。

巧英,你的讲话,着实令我想配合着落泪。你说,其实你早就认识了我,当然,师傅您是不会认识我的。那是多年前,师傅您在舟山的一次儿童文学活动中,上了《叶限》的课,上得真好啊……不要再说了,我已感动了。我在全国很多城市上过课,很多人也像潮水一样围过我,可他们一拨拨地退去了,无影无踪。可是,多年以后,你居然还记着我,记着我在哪个城市哪所学校上的课。不光如此,连我上的课题也这么正确无误地说了出来。这个童话怎会

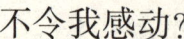

不令我感动?

小牟,我知道你也不小了,但我愿意这样叫你,似乎这样显得更亲切点。谢谢你真实地告诉你的故事。一个敢于在初次相识的人面前,讲自己的以往,讲自己以往的辛酸和苦难,讲自己的不上进不刻苦,是需要勇气和诚意的。你做到了,而且讲得非常详尽,非常动情,可以写下来,当故事去读,而且一定会有人听。你知道,当时我的心里是怎样想的吗?我想到了"物以类聚,人以群分"。我从你身上,照见了自己的率真、坦诚、不复杂。你完完全全地把我这个不是太熟的导师,当成了你的朋友,当成了你的知己。你的真诚,一如童话。

钱江,我清楚地记得,你是这样说的:"在认识何老师之前,我读过他的文章,其中《读你,来自梨园的语文》,给了我去搞绍兴市拓展性课程的底气和勇气。"你还说,因少年得志(你教了四年书便被提拔为副校长),你忙于学校各种管理,一直没有时间静下心来读整本教育专著。可你一字不落地读了我的《爱满教育》,读了《民间文学大课堂》。你怎么会如此保护我的自尊呢,让我感觉好得立刻想飞。其实,恩师周一贯先生向我推荐你时,是让我在戏曲文学教学上,有团可抱,有暖可取。事实上,在我们今年三月认识以来,由于同在绍兴,我几次感受到了来自你的智慧,你的温暖。

　　建科、林燕、越英、永海、华飞、苏波,还有来了又去了(第一天报到,第二天因公提前返回)的旭峰、洪岳,请你们千万不要说"何老师怎么可以对我们这样好呢",这不是我的好。要说,也是你们待我好。

　　你们选择我当你们的导师,给了我很大鼓励,也给了我很大面子。你们听我讲话时,显得一脸的庄重,眼里全是小学生般的虔诚。甚至还把我讲的,那些未必正确、未必有用的话一字一字地写在笔记本上,打在电脑里。你们都说,我出的书,写的文章,你们花钱买了,读了,还骄傲地告诉别人,这是我导师写的。不仅如此,你们还把这些书推荐给你们的孩子,让孩子也认识我这个乡下的老师,我是多么感谢你们。

　　你们用你们的热情和真诚,围在我的身边,我在你们面前得到的快乐和鼓励是那么充分和由衷。虽然,我在别的城市,别的地方也会有人围着。但我知道,那是三分钟的热度。三分钟以后,热闹的礼花就燃放干净,各飞东西。而我们将会互相牵挂,一辈子铭记。我在你们面前,感到非常安全,也非常依赖。不知你们发现了没有,送你们走时,我是不笑的。不像迎接你们的时候,我的笑容,可以采下来,当作花,养在你们的书桌上。送你们的时候脸上是

开班

记着

什么,问问雨吧。

忽然想起一首歌:"江南人留客不说话,只有小雨沙沙下……"今天小雨升级,大雨为何没能把你们留下?仔细一想,谁说没能:网络上,我们天天比邻!

都十二点,远方的你们,晚安。

童话

首先声明,这不是故事。故事可以编的,但我要讲的这个故事却是真的。哈哈,不饶舌了,就叫真实的故事吧。

有一天,我的学生,括号,18年前的,她现在是一个最高级的老师——幼儿园的老师。智者说过,人类最高级的灵魂是孩童。教最高级灵魂的老师,自然是最高级的老师。这天放晚学,我这位最高级的学生,在沸腾了一天,刚刚开始不沸腾的幼儿园里,被一个疯女人给劫走了。

疯女人劫小女人干吗?故事继续——

疯女人把我的学生劫到一个地方:低矮的板房里坐着一位男人,他正紧紧地抱着一个小孩子,生怕那小孩立马飞走。

疯女人的声音像是一阵雷:"囡囡,红帽子,老师!"

小孩子显然是被雷给砸醒的,睁大眼睛,无力地说:

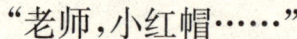

"老师,小红帽……"

我的学生这才看清楚那小孩是女孩,五六岁的样子,瘦得皮包骨头,脸白得像张纸。

疯女人念念有词,说是我给你找来了老师,老师给你戴红帽子。一边说,一边将红帽子塞到她手上。

小女孩用力摇着头,声音更微弱了:"老师,小红帽……"

我的学生就是最高级的老师。她听了这么一堆杂乱的信息后,很有经验地问孩子的父亲,孩子上过幼儿园吗?女人抢着说孩子在别的地方上过一个星期,后来就病了。男人补充道,他们是外地人,来这里打工才一年。女儿患的是白血病,这两天一直念叨着"老师,小红帽"。他们夫妻俩买来了红帽子,可孩子看一眼就摇头。为了不让孩子有遗憾,妈妈就到幼儿园"抢人"了。

我的学生含着泪,装着笑对孩子说:"囡囡,我给你讲个《小红帽》的故事吧!"

小女孩一下睁大眼睛。原来这孩子一直记着,她上了一个星期的幼儿园里,老师或是别的小朋友讲过的《小红帽》故事。这是一个多么令人心疼的小女孩啊!

我的学生调动她全部的高级经验和高级能力,讲开了:"在一个神秘的森林里,有一个非常非常可爱的小女孩,她叫小红帽。有一天——"

小女孩听得好认真啊,她分明已经和故事中的小女孩一起走在郊外的田野上了,看到了美丽的苹果树,闻到了喷香的苹果花……为了制造逼真,我的学生从"疯女人"手里取过红帽子,套在头上,边讲边演,比她参加幼儿老师才艺比赛还认真。

就这样,在我的学生最精彩的"演"出中,这个病孩子的灵魂,安静地飞走了。

我听完这个故事后,夸奖我的学生。她却说,老师,要感谢您。是您在我们读小学时,给我们讲了那么多童话。记得我上三年级时,学校搞童话节,我演过"小红帽"。没想到18年后,我又做了一次小红帽。

说到这里,我大概也说出了本文的中心思想:我们每个人都能拥抱童话,捍卫童话。让我们的生活和行走,变得温暖一些,美好一些,优雅一些,诗意一些……

戏友

  白金声是个有点鲜艳的名字,我无数次在刊物上看到过。但是,我与白金声老师从没有过交往。

  直到有一天,那是 2017 年的春天。那一天,"千课万人"邀请我去杭州参加一个绘本教学活动。傍晚,举办方安排我们几位专家名师共同晚餐。我们刚刚坐定,包厢外进来一老者:六小龄童,我心里咯噔了一下。不可能,这是教学活动,又不是电影大会。可这位老先生实在跟六小龄童太像了,或者六小龄童太像这位先生了。

  大家都坐下来了。举办方负责人站起身,满脸灿烂地向大家一一介绍在座的嘉宾。当介绍到老者就是黑龙江语言文字研究中心的白金声时,我在心里长长地"哦"了一声,并定睛打量起来。老先生虽然须发皆白了,但依然气宇轩昂,双目有神,身板笔挺。

中国人的餐桌,最是讲礼节。一动筷,便互相敬酒,敬茶。我也不敢做落后分子。我从小认为,做"分子"往往会跟不好的连在一起。比如"反动分子""落后分子""特务分子"等。所以,我是坚决不做这个"分子"的。即便不会喝酒,但我可以敬茶啊。只要敬了,都不会当这个"分子"了。于是,我也举着茶,像模像样地敬大家。当敬到老者身边时,他一把拉住我的手,亲热地说:"何夏寿,你其实不用敬酒的。"

我心里又咯噔了一下。我们是初次见面啊,白老师怎么会如此热络,仿佛我和他是久别重逢。

"你不认识我,我可认识你。我听过你的课,也是在"千课万人",你上的是剧本课,那几句唱真有点角儿的味道!"白老师解释道。还没等我开口,他转头对全体嘉宾举起酒杯,说:"古人云,齐肩谓朋,同道为友。在这美好的时刻,我提议,请何夏寿老师为大家唱段戏,共祝我们友情!"

他这么一说,熟悉我的,不熟悉我的,初次见面的,一起鼓掌。

不唱肯定是不行的。可唱什么呢?白金声老师好像看出我的心事,又大声宣布:"我们请何老师唱《今日痛饮庆功酒》吧!"

是啊,我怎么没想到。这个京剧名段我从小就会,也可以说是我的保留节目了。于是,我清清嗓子唱道:"今日痛饮庆功酒,壮志未酬誓不休。来日方长显身手,甘洒热血写春秋。"

白老师像是培养了一位名角的老艺术家,兴奋得舞动着双手,一个劲地叫着:"好!好!好!"包厢里掌声四起,所有人都热情洋溢地跟着鼓掌。

晚餐结束后,白老师叫住了我,问我要了联系号码。

故事如果到这里就结束了,那就跟喝了杯白开水一样了。事实当然不是。

大约一个月以后,我收到了白老师发给我的一个短信,大意是他写了篇文章,说是已发到我的邮箱,让我有空时看看,提出批评意见。我急于想看看别人眼里的自己,赶紧打开了邮箱。

白老师还真是有心人啊。他以"会唱戏的老师"为题,不但记录了那天的唱戏故事,还重点讲了读我的散文集《爱满教育》的体会,狠狠地美言了我一番。特别是看到白老师在邮件的最后,热情地邀请我去哈尔滨讲学,内心不由升起一股暖流。

我一直认为,搞儿童教育的人,大多会沾染一些儿童气息。尤其像我,几十年来搞童话,搞着搞着,把自己搞得像童话一样:天真、单纯。这一年12月,教育局安排我们

校长去东北师大培训,其中还去哈尔滨学校考察。我接到通知后,也不管会不会让人家犯难,第一时间告诉了白老师。白老师在电话中高兴地说:"欢迎欢迎,到时,我们一定要见面。"

这天上午,是我们整个培训的最后半天活动,活动在香坊区教师进修学校进行。我收到白老师的短信,说是活动结束后,他来接我。我问他有车吗。他说没有,打车。我说,这就不用了,活动结束后,我先休息一下,随后打车过去。他说这也好,随即告诉我他家小区地址。

约摸下午两点钟,我估计白老师也休息好了,发了个信息给他,说是准备出发。信息发出好久,没有收到他的回信。我想他可能还在休息,考虑到宾馆距离他家有二十多分钟的车程,我便决定打车去他家了,路上也可联系。我走出宾馆,这才发现,外面正在下雪,而且下得好大。我坐上了的士,根据白老师提供的地址,找到了他住的小区。望着车窗外漫天的飞雪,我让司机不忙把车开走,掏出手机给白老师打电话。可是,回复语音是:您拨打的电话已关机。

一定出了什么事,面对冰雪中的偌大小区,我后悔没向白老师要一个具体的家庭住址,甚至也没要除手机之外的其他联系方法。我只能遗憾地对司机说返回吧。师傅

也"急人所急",调转车头打道回府。

刚回到宾馆,手机响了。是个陌生的号码,显示哈尔滨地区的。我赶忙划动了接听键。

"是何校长啊,我是白金声啊!"电话里传来白老师洪亮而厚重的男中音。我一下有了找到组织找到党的喜悦。

在电话中,白老师向我解释着:从下午一时起,就一直在等我,等到两点多,还不见我的电话和信息。他开始用手机打我电话,都不通。后来,才发现是自己的手机出了问题。打不出去,也打不进来。他急死了,不知怎么办才好。还是他夫人提醒他,用她的电话打。

"何校长,实在不好意思了。你在哪个宾馆,我过来!"白老师满怀歉意地说。

"没事,我在宾馆,我这就过去找您。"我没提刚刚找过他的事,以免让白老师自责。

我赶紧叫了一辆车子。

才一会儿工夫,街上的雪下得更大了。出租车也像冻僵了似的,蛇一样地爬行。见我催他,师傅说,这两天气温太低,雪下得这么大,地上一下就结冰了,车子根本开不快。

约摸半个多小时的样子,手机又响了,还是那个号,白老师的声音:"何校长,你到哪里了?"

我说不知道,应该快到了吧。白老师在电话中又报了一遍小区的名称。师傅一听,说快到了。

车子开得更慢了。这时,我看见冰雪大世界中,有个人像树一样笔挺地站在风雪中,裹着棉袄,帽子衣服已经一片雪白了。我心想:小区的保安,真不好做。这么冷的天,这么大的雪,还把自己站成一棵树,向居民显示自己的"精忠保区"。

师傅说到了。我刚要掏手机,那个"雪人"跑了过来,敲着汽车玻璃,我按下了开窗键,探出了头。

"何校长,我是白金声啊!"京剧名家于魁智般明亮高亢的声音,蒙面人边说边摘下了捂住脸的帽子。

啊,是白老师。

白老师很小心地把我从车子里引了出来。因为地面结冰,白老师挽着我的胳膊,热情地领着我去他家。路上,白老师告诉我:"这一回,怕我老伴的手机再出差错,你一说打车过来,我就站在这里。免得找不到我。"

"那您在风雪中站了好长时间了?"

"不长,半个小时吧!"

我眼睛一阵发热。

那个晚上,我和白老师坐在他家附近的一家小餐馆里,我这个滴酒不沾的人,居然破天荒和白老师对饮起来。

席间,我们谈语文教育,一课一课;谈语文名师,一个一个。当谈到刚刚谢世的语文名师于永正先生时,白老师沉重地说:"于老师不光语文课上的好,他唱京戏真叫一绝。我亲耳聆听过于老师唱《霸王别姬》,那个专业哪,非一般人可比。可惜,于老师已经驾鹤西去了。前天,我还写出了一篇悼念文章,题目叫《会唱戏的永正老师》。"

"这标题和上次你写我的差不多啊。"我说。

"是——的——"他用戏曲的腔调,不无高兴地说,"在我们语文界,会唱戏的老师还真不多。于老师一个,你一个。现在于老师走了,你就成当家小生了。"

"哪里,我怎么可以跟于老师相提并论!"

"从来都是长江后浪推前浪啊。"白老师呷了一口啤酒,不无鼓励地对我说。

"白老师,我发现,您对戏曲也特别有感情呢!"白老师笑笑。我说,"见到我,你写唱戏;悼念于老师,也写唱戏。"

我这一问,白老师来戏了。他告诉我,他家原来是开戏场的,他从小生活在戏院里。听戏看戏,有时还上台去跑个龙套。这对他后来学语文,教语文,研究语文教学帮助极大的。他甚至说,他后来上课之所以能深受学生欢迎,与小时候学过点戏文是有一定关系的。

"原来如此。"我不无戏谑地说,"我是小鬼碰上阎王爷了。"

"哪里哪里,你将戏曲文学带进语文课堂,这在小语界绝对是首创。"白老师用手势制止了我,继续笑着说,"张志公先生说过,一个语文老师,一不读书,二不交友,三不看戏,四不旅游,是谓最大的不务正业。"

"哦,还有这话啊。那您自我评价一下,您有或者会几个。"

白老师像初学算术的小学生,扳着手指:"我喜好读书,算一好;喜好交友,再算一好;喜好看戏,又算一好——"

"三好学生!"

"哈哈哈……"白老师的笑像极了戏里中了状元的小生。

回来的路上,我暗暗想:下次,我也要写一篇文章,题目叫《票友金声》。他看到,一定会用戏曲的方式,对我作个揖:"小生这厢有礼了!"

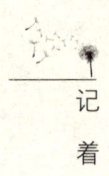

香山

一直想去香山。自从读了那句"我游览过红叶似火的香山",就算计着什么时候去香山走一回。

那一天,10月20日,我去北京出差。提早半天到了机场,北京的朋友来接机,问下午想去哪里走走。我把盘算了很久的计划凝成一句话:"去香山,有红叶吧!"友人掐了下指:"10月中下旬,应该可以了。"

我兴奋得很,想象着红叶之美,竟然没听见友人叫我先去路边餐厅,吃个午饭。

我问从这儿去香山有多少路。友人说不堵车一个半小时。我说不饿,咱们走。秀色可餐么。

我们的车子很通人性,飞快地向香山行进。

下了高速,才发现我们汇入了车的海洋。这时,我才明白友人那句不堵车一个半小时的科学性所在。

香山

我们在"海洋"中漂了近两个小时,终于来到了传说中的香山。

排了近半个小时的队,我们终于坐上了进山的缆车。缆车像喝多酒似的,懒懒散散地移动着。

我睁大了眼睛,眺望着,仰望着,俯视着,寻觅着。红叶呢?都藏了,都躲了,都跑了。

我承认我命不好,直到上了山顶,除了看到几块介绍红叶的广告,还有画在广告上的几片红叶,目之所及,全是一片苍翠。这哪是香山,分明就是林海。

我和友人不无遗憾地来到山顶。出了缆车,一阵寒气迎面而来。真是高处不胜寒,游人告诉我们,山顶的温度才10度。我后悔自己只穿了件单衣。望望西边,太阳已经下山,将远处的山头涂得一片惨黄。

我们决定赶快下山,否则会被冻成红叶。

问了不知多少个人,走了不知多少山路,我们终于找到了山顶缆车站。哇,好多人啊,难民似的,你挤我我挤你,等待着逃离。

准是和我一样,读了书或是看了什么红叶似火之类的宣传。人啊,总是那么轻信。我忽然觉得有点好笑。

"走开!走开!"粗重的嗓音冰雹一样砸过来。

我寻声,看到一个长得五大三粗的北方汉子,胖胖的,

高高的，穿着绿色的军大衣，从前面奔过来，把我们当鸡一样赶。

"不识字啊！"胖子满脸横肉，声音里像带着硫黄，"懂不懂规矩！"胖子手臂上套着个红布，上头写着"纠察"。这哪里是管秩序的，分明就是个炸人的。我心里骂着。

我们这才发现不远处有块牌子，上头写着："文明下山，自觉排队！"再一看，我们两个人辟了一个竖队，确实有点难堪。可是望着龙一样从山顶游到下山的候车队伍，我们还真不知哪里是队尾。

"队尾在哪里啊？"我问朋友。

"下面啊！"胖子板着脸，欠了他八辈子账似的。

我白了他一眼，很无聊地问："排到他们那边啊？"

"排在这里，明天也不给你们乘。"胖子的音量没有刚才高，但冷得如霜。

惨了，他把我们当作阶级敌人了。我这才体会到，有些不当行为真的跟道德无关。

"你态度好点好不好，我们是不知道——"朋友终于忍不住了。

"排队不知道哇？幼儿园啊？"胖子扫视着我们，音量又调高了，"还戴着眼镜呢！"

我忍不住了："你这个人怎么这样的，我们去排队还不行吗?"

"还说呢,要问你们!"胖子打雷了,企图劈死我们。

我心里想,和这种人再理论,就降我的格。我拉起朋友的手,边走边说:"让他叫吧,就当儿子骂老子。"

"停下——"糟了,他大声地喝住了我们。

看来,今天我要死在香山了。

"你停下,"胖子指着我,又指着我朋友,"又没叫你,你下山排队。"

真想吃我啊。我正要开口,胖子说:"我刚才看你腿脚不便,不用排队去了。就在这里,等他排到这里,你们一起乘车。"

胖子变魔术似的从一棵大树后面,拉出一把折叠式的椅子,展开来,放到我面前:"在这里坐吧!"胖子的光头,在夕阳的柔波里,泛着金光。我忽然觉得这光头,和胖子的体形是那么般配。

我心头一热。说实话,为找下山的缆车站,我们东问西走,脚底早已生火。椅子,成了眼前想也不敢想的奢侈。

"谢谢!"我一屁股坐了上去。友人见此,冲我一笑,很放心地下山排队去了。

胖子和我讲起了话,问我从哪里来,做什么的。我告诉他我从绍兴来,是教书的。胖子对我说:"这两天到这里

来看红叶的,都是外地的。真正的北京人知道,虽说十月看红叶,但今年天不够冷,看样子不到十月底,香山的枫叶才不肯红呢。"

夕阳一点一点地收着光芒,山顶阵阵寒意。我抱住自己的身子,不住地打着寒战。

"你们南方人,总是要好看。到山上来,也穿这么少。"胖子脱了自己的棉大衣,搭到我身上,"这时候好看不值钱了。穿上吧。"

我经常出去讲童话讲文学,讲得很诗意也很浪漫。面对胖子搭在我身上脏兮兮、散发着浓重大蒜味的军大衣,我竟然一点也不觉得肮脏,而是当救命衣一样,三下五除二地把它套在身子上。一个人的可怜和渺小,真是应该有足够的估计。人在这个时候,可能也不想诗意和浪漫了。

人的需求其实是很现实的。一穿上军大衣,身体一下暖和了。可是,饥饿的问题出现了。我开始后悔不听朋友的话,先吃点。秀色终究不能当饭吃,何况根本无秀色。我问胖子:"大哥,附近有卖吃的吗?"

"这里没有。"胖子用手一指夜色中的远处,"要翻过那个坡,有个小卖部。"

那么远,饿死算了。

也不知过了多久,有个同样戴着袖章的给胖子送来一个盒子。胖子打了开来,盒子里装着一个很大的纸杯,外面写着雀巢咖啡。胖子打开盖子,杯子里扬起一阵白色的热气,随之,香味像虫一样地到处飞舞。胖子轻轻咳了一下,把杯子移到嘴边。

我很不争气地发现,自己咽了一下口水。更不争气地联想到一首儿歌:一只哈巴狗,坐在家门口,眼睛黑溜溜,想吃肉骨头。我赶快别转脸,我怕胖子发现我这只"哈巴狗"。

"喂——"胖子的声音。

我转过头,胖子把咖啡递给我:"给!"

"不不——"我推辞着,并不坚决。

"别客气了,喝点热的,就不冷了。我们隔两个小时有送的。"

我接住了咖啡,小心翼翼地啜了一小口:热的透心,香的穿肠,这应该是传说中的仙汤吧。

胖子说得对,喝点热的,人就不冷了。等胖子离开我去前面维持队伍时,我像电影里饿极了的战士一样,把一大杯咖啡,咕嘟咕嘟地喝了下去。一会儿觉得全身发热,摸摸额头,冒汗了。正想谢谢胖子,胖子的京腔高昂地响起:"来了,你朋友!"

我一抬头,友人已排队到了。

记着

我们告别了胖子,坐上了下山的缆车。回头望望,夜色中,胖子的剪影,在队伍里奔前跑后。

这个故事发生在去年的今天,三百六十五天了,依旧水灵灵的。香山顶上,那把椅子的惬意,那件军大衣的温暖,那杯咖啡的香味,一直没有散去。今天讲出来,你觉得像不像童话?

我认为像!

坐飞机

不是我搞笑,也不是别人要搞笑,都是这个日子要搞笑——2016年11月25日。不要联想这个日子有什么特别,很寻常的一天。

那天,我带我的三个徒弟去云南腾冲送教。早就耳闻腾冲很美,我们都期待得不行,提前两个小时来到杭州机场。那天的飞机也很配合我们,离起飞还有40分钟,就让我们坐到了它温暖的怀抱。我们计划着,12点起飞,下午3点到达昆明,然后4点从昆明起飞,不到一个小时就可享受腾冲:泡温泉,品美食,聆听千年古镇的小夜曲。我们有说有笑地计划着,竟然没听到飞机广播里正在播着通知。

奇怪,刚才上了飞机的人,都提着行李出舱,难道已到昆明了。向外一望,飞机还在杭州机场哩。正想着,有个笑嘻嘻的空姐走过来说:"先生,请你们拿好行李,下飞机。"我说为什么。她笑嘻嘻地说,刚才广播已经说,咱们的飞机某个地方有点小问题,要换个小零件,请你们先下飞机,最晚两个小时就可以重新登机了。

我想哭。

说得倒轻松,才两个小时。你以为我们坐的是专机啊。人家对方给我们买的是套票啊,你晚两个小时,那我们怎么还能赶得上由昆明去往腾冲的航班?可面对空姐笑嘻嘻的脸,我们觉得和她理论很无聊。

我们提着行李,"拎"着牢骚下了飞机。见到同样笑嘻嘻看着我们下来的检票员,我很无聊地问:"是让我们等两小时吗?"

"是的,先生,飞机有个小零件需要更换。应该很快的。"那声音比歌都美。在这么美的声音中,你发火就等于毁灭美。

我们来到休息大厅,我重新打开关掉的手机,给昆明接机的老师打电话。接机的老师很理解,说是没事的,航班改签一下好了,改到今晚最后一班,8点的。我说好。

我们很耐心地等待两小时早点过去。大概两小时过去了吧,这时走来一个笑嘻嘻的人,不是女的,是个男的,机场是笑嘻嘻的产地。他大声地报着我们搭乘的航班号:"很不好意思,修复故障的零件还没有从上海送到。什么时候起飞待定。现在请大家跟我出机场,坐大巴前往指定的宾馆休息。"

你以为笑嘻嘻是万灵的吗!刚才说是两小时,现在居然说什么时候起飞都不知道了。早知道飞机有小故障,为什么起飞前不好好检查检查。让机长出来!让航空公司老总出来!周围的旅客,群情激昂。真服了那个帅哥,依然笑嘻嘻的,仿佛所有的指责都是对他的赞美。

"你算什么东西,广播怎么没有解释?"一个女声像一片玻璃,砸向那张笑嘻嘻的脸。

不迟不早,广播声响起:"女士们、先生们,由杭州飞往昆明的旅客,由于飞机故障,不能起飞,起飞时间待定。请您带好随身物品,乘坐机场大巴前往宾馆休息。"

我相信我命不好。命不好的人,最好不要自己决定命运,随众。我默默地坐了半个多小时的车,来到了杭州郊外的一个宾馆,大家都领到了休息的房间。房间倒不错,不过没有什么心情去欣赏挂在墙上的画。画中的水,有腾冲的水清吗?画中的天,有腾冲的天那么蓝吗?

才休息了不到十分钟,我拿起房间电话,问总台飞机修好没有。总台说他们还没有接到通知,一有消息会立刻电话告知。

火烧身似的。过了半个时辰的样子,我仍旧很无聊地

问,那么什么时候可以起飞?对方在电话里说,我们不知道,要等通知。那么我可以先回去吗?应该不可以,因为我们不能确定什么时候起飞。这下完了,回也不能回,去也不能去。昆明的老师打电话问我,登机了吗?我说还不知道猴年马月呢,退了机票吧。

电话突然优雅地歌唱。"修好了?"我拎起话筒脱口问道。

"先生,不是的,我们邀请您到一楼餐厅用餐。"

"用餐,难道我们是到这里疗养的吗?"我忽然觉得自己太过分了,不该对服务员,特别是请你吃饭的人发火,连连向她说对不起。直到电话那头说:"没关系,可以理解的。"

我的徒弟也敲门约我一起去餐厅,先吃了再说,吃饱了好等待。

来到了楼下,黑压压的一帮"难民",正在奋力吃饭。想想也是,中午为赶飞机没吃好,下午等飞机已近五个小时了。饿也饿了,气也气了,不吃饭能干什么呢。我找了一个座位,想盛点饭,找不着。问周围的乘客,说是吃完了,正在煮呢。哈哈,餐厅也没有做好应对"疗养"的准备。

"饭呢,饭呢!"有几个乘客敲着桌子要饭。

就在这个时候,一个男的跑进来,大声宣布:飞机已经修好了,请大家马上到大厅集合,坐车前往机场。大家不再计较有饭没饭,纷纷丢下饭碗,直奔大厅。

晚上9点,车子摇摇晃晃地把我们送到了杭州机场,我们检了票登了机。起飞了,升空了。飞机好抖啊,像是抽筋。我是一个经常在天上飞来飞去的人,从没遇到这样的颠簸,我联想到了那个修复的零件,联想到人换了器官后的排异反应,心里一下子发凉了。

我按动了头顶上的按钮。一个空姐走过来,关掉了按钮,问我什么事。我说飞机没有修好,你们怎么可以起飞?其实我知道她会怎么回答:先生,故障已经排除,飞机是绝对绝对安全的。果真,她很平静,脸上也是笑嘻嘻的:"先生,飞机故障已经排除,请您放心好了。"我看看客舱前面,望望后面,大家都很平静,看书的看书,听歌的听歌。就好像整个飞机只有我一个人怕死,我想你们不怕死我怕什么死。我又不是名人,也不是富人。我闭上眼睛睡觉,心烦的时候最好的办法是闭上眼睛睡觉。特别是坐红眼飞机,你不闭上眼睛睡,还想把眼珠子锤炼成红灯笼啊。可是在颠簸得像过山车一样的飞机里,我实在睡不着啊,心里乱七八糟地想,是不是要给家里留下一封信,或者录下一段音什么的。惨啦,这种要留下一封信的事居然轮到我,以前是只看电影里的英雄会做这样的事,可今天居然让我遇

上了。我中奖了。幸好,儿子没和我同来,也算留得青山在。我有点难过也有点好笑地想着。一会儿,飞机像是降落到地面上似的,一动不动了。一看头顶上的显示器,飞机高度 8600 米,时速每小时 900 千米,飞机距离机场还有 870 千米。一切正常,我骂自己神经病。

后来,我不知道什么时候被人推醒了。一看表,凌晨 2 点,飞机已经降落在昆明机场了。我们下了飞机,接机的老师见到我,第一句话:"何老师,您 6 点的飞机。"

"去哪里啊?"我一头雾水。

"去腾冲啊,8 点钟,您还有课呢!"

我还以为到了腾冲,我不好意思地向她抱歉。我说那就不睡了,再说也不困。可是这话和哈欠差不多同步的,太幽默了。车子把我们送到了机场附近的宾馆,我倒床便睡。一会儿,被电话叫醒。通知我:"去机场了。"我问几点钟,4 点,不好意思有点早。我自嘲一句:"清早锻炼身体好,喔喔!"

这个故事的主题,谁想活的有故事,想搞笑,找我。

语文乐

我的导师周一贯出生于1936年。

如果有人说周老师是个老人,我必定跟他急,也必定绝不闭嘴,而推翻他的"谬误",只消我讲这一天的故事就够了。

那是去年六月,是个星期天。我有件小事,约好趁着星期天,去绍兴周老师家,听听老师意见,顺便也去看看他。

趁着早上凉快点,还不到七点,我便来到了周老师位于绍兴城南的家。怕打扰了周老师的晨休,我便在他家附近的小花园里,呼吸着一天之中最清新的空气,看看鸟儿们唱唱跳跳地做着"晨练"。忽然手机响了,是周老师打来的。

"何夏寿,你今天来不来我家?"周老师的声音洪亮得

如同校园里的那口大钟。

"我已经在楼下了,周老师。"我笑着回答。

我上了楼,走进周老师差不多能吞没人的书房。周老师不解地问:"你干吗不上来?"

望着周老师满头的白发,孤寂的身影:"我怕您还在休息。夏天早上睡觉很享受的。"我实事求是地说。

"哈,睡那么久干什么!将来总有长睡的机会。"周老师风趣地说。

我笑笑,习惯地问:"周老师,最近在忙什么呢?"

周老师指着书桌上铺开的一桌纸,脸上洋溢着红光:"我在编一套《周一贯语文教学八旬文丛》。已经编好了两本,交出版社了……"

"一套文丛?共有几本?"我知道周老师是个很勤奋的语文人,每年至少在全国各家媒体发表三四十篇教学论文,主讲三四十场专题报告,指导几十位青年老师备课上课,但一听说他要编辑一套文丛,而且编了两本还在编,加上八旬的定语,我着实有点"大惊小怪"了。

周老师的目光像是窗外晨风里摇曳的喇叭花,娴静,淡然:"不多,七本。"

"天哪,七本!"我听得见我的心在大惊小怪地喊。为"伪装"自己,努力不让周老师看到我的浅薄、无志——周老师不喜欢他的弟子不才,更不喜欢他的弟子以不能不敢为由,从精神上把自己降格为侏儒,我平静地说:"哦,七本。"

周老师给我递来了一杯沏好的茶,几月不见,他手上的老年斑又多开了不少"连锁店"。

"八旬,这两字很好!"我有意加重了"八旬"。当然,我意在提醒老师,您八旬了,按照我们绍兴人的说法:七十不留宿,八十不出门。都到了"高危"年龄,还那么卖命编书,何苦呢?

周老师显然知道我强调"八旬"的意思:"何夏寿,我非常认同有位老专家对我说过的一句话'一个老年人,与其待在家里,坐以待毙;不如找事做做,垂死挣扎'。虽然生命的长度相等,但深度就不一样了。"

周老师的眼睛里喷射出黄昏太阳下山时的光亮,我被照得有些眩晕。周老师转移了一个话题:"你说,你找我干什么?"

我趁机躲开了老师的目光:"这样的,有所学校邀请我做他们学校的文学教育导师,请我在他们学校里设一个工作室。我有点想不好,不答应,怕人家说我高傲;但答应了,真想做事也很累的。"

这所学校的杭校长也是周老师的学生,周老师也十分

了解他。听我说完,他大为兴奋:"好啊,这是个好机会啊,他可能会关系你的后半生。"

"有这么重要吗?"我问。

"你都五十出头了,也该考虑退休后的事了。"周老师笑道,"难道你真打算退休后,去开个什么越剧馆,教孩子唱越剧吗?"

我想起来了,有一次,我和周老师聊天时说过我的"远景规划"——退休后,我不写作不讲座,彻底与语文甚至与教育作别。然后,放大自己的业余爱好,在家里开个越剧馆,教孩子唱越剧玩。我记得当时,周老师淡淡地说了句"这只能玩玩的"。

可没想到,周老师居然还把这事记在心上了:"何夏寿,我知道你喜欢唱越剧,也承认你越剧唱得是好的,但毕竟你不是特级演员,你是个特级教师。特级教师这个头衔不是退休制,而是终身制的。于私于公,你都应该终身从教。"

我知道,周老师一直说我是个十分感性的人。我也能听出他的弦外之音:在周老师的眼里,感性的人很会受环境的影响,我是一只看着山羊吃草会忘了比赛的兔子,迷恋蜻蜓蝴蝶会忘了钓鱼的小猫。

为"迎合"老师,我玩笑道:"好的好的,我不开越剧馆,就开教育馆!"

"这就对了。"周老师呷了一口茶,仿佛营救了一个迷路的孩子。

忽然,周老师的脸上,掠过一阵神秘:"你看这样可好,你去申请一个儿童文学教育研究所之类的研究机构,然后把总部设在杭校长那所新学校。这样,你将来的儿童文学教育就有根了,同时,也帮他们学校找到了办学方向。"

"用儿童文学办学?"

"是啊,将你多年的校长工作和语文教学的实践经验,发挥出来,影响更多的学校,以语文课程为核心,带动学校其他课程的发展,用儿童文学打造学校儿童文化……"

周老师的话像初夏的湖水,在我的心里荡漾开了,一圈又一圈,温柔,轻盈,撞击着我的心,一下,两下……

"对了,你打电话给杭校长,就说我们现在去他学校看看。"周老师说得十分坚决。

我明白老师的做事风格,与其说不,还不如说走就走。

于是,我用车子载着周老师,来到了与他家相距40公里之外的那所新建学校。

此时,正是中午时分,六月中午的太阳不说毒至少也是辣。学校还在建造当中,依然还是一个工地。校舍、剧场、餐厅、宿舍上的脚手架还没最后拆尽,时有时无,显得

十分零乱。一堆又一堆的建筑垃圾,一处又一处的建筑材料,横七竖八,还有星罗棋布般的窨井眼,都没有加盖,像是深不可测的"地道",很考验人的注意力。

见周老师来了,杭校长很自然地去搀扶他,但被周老师拒绝了:"不用的,我又没有老到要用人搀着我。"周老师抹了把被晒出来的汗水,笑道:"你免费让我浏览这个大观园式的学校,让我激动得想扶你哩!"正说着,周老师的脚被一包没用尽的水泥绊了一下,整个身子像大树一样倾向前面,幸好杭校长手快,拉住了他,才没有酿成大事。我吓出了一身冷汗。

回到工地办公室,我们都有点累了。但周老师的热情依然高涨,他高兴地说:"这个学校地利位置,特别是建筑规模以及建筑品位,是我目前没有看到过的。这里,完全可以成为上虞乃至江浙沪儿童文学教育研究会的总部。"接下来,周老师讲了许多理由,历数了上虞儿童文学教育史上的众多名家。从陈鹤琴讲到夏丏尊,又从白马湖作家群讲到金近。我们傻傻地听着,周老师突然又点我的名了:"何夏寿,成立上虞儿童文学教育研究会,这是你的历史担当,是你的应尽之职。"

我知道周老师除了自己不老,也一直不让人老。这绝不是我一个人的体会,凡是与周老师相处过的人,大多都能感同身受。

"您说的当然是对的,可是——"我停了停,望着周老师有点凝重的脸色,我吞下"这年代多做与少做又有什么两样"的感慨,而是含蓄地说,"我现在还担任着一所学校的校长呢!"

"这有什么矛盾!你既做校长,又做儿童文学教育研究会会长。"周老师灿烂地一笑,"这叫作舞动校长和会长工作的双节棍!"

周老师说得时髦,我们都笑了。周老师也笑了,风趣但不无当真地说:"不过,我不是个周扒皮,不剥削你们的自由,更不剥削你们的选择。我只是一个打酱油的,按照现在流行的说法,是个任性的打酱油主义!"

打酱油的,都如此赤胆忠心,我还有什么好说呢。我被周老师充足了气,像战士出征前面对首长一样,向老师立下了创办上虞儿童文学教育研究会的承诺。周老师这才高兴地和我们去食堂吃午饭。

饭刚吃到一半,我的另一个朋友,也是周老师的学生,打来电话,问我一些教学琐事。我提到了周老师就在上虞,他喜出望外,说是正在做一个乡土作文的课题,能否让周老师过去指导。我说,都是下午了,天又这么热,周老师已经累了大半天,下次吧。那朋友也说是。

挂了电话,周老师问我是什么事。我如实说了。周老师一听,脱口而出:"那就下午过去,都已经在上虞了。"

我和杭校长都坚持说周老师太累。周老师有点不高兴地说:"哎呀,你们真是的,累什么呢,是车子开过去的,又不是我走路过去。"见我还在犹豫,周老师命令似的:"何夏寿,你打电话过去,我们两点钟出发去他学校。"

我只好照办。想想距离两点还有一个小时,我们匆匆扒完了饭,把周老师送到工地上的一个小办公室里,开好空调,让他能静静地休息一会儿。周老师没有推辞。我们退出了房间,也趁机到隔壁小睡了一会。

两点一到,我们推门进去,惊讶地发现,周老师根本没有休息,他正趴在办公桌写东西。见是我们,他站了起来:"两点到了,是吗?"说完,将一沓纸交到杭校长的手里:"这是我根据你的要求,给你们设计的学校文化计划。"

我凑过去一看,是关于杭校长新建学校的校风、校训、校联以及各教学楼、辅助楼的楼舍命名之类的。周老师的钢笔字,稳健干练,飘逸刚劲,略略有点倾斜,像是湖边一排排斜斜的杨柳,也像空中一行行翱翔的燕子,富于生命的斗志和活力。

这一天,差不多是下午六点钟的样子,我才把周老师送到家。告别的时候,望着周老师晚风中飘动的白发,我忽然觉得,周老师的白发,其实并不代表生命的衰老,而是高扬在他生命航船上的风帆。

写到这儿,我觉得也应该像周老师写论文作报告那样,写一个有点概括性的句子,既尝试着为周老师的年轻人生解个密,也为自己的拙文结个题。耳边忽然响起一首《革命人永远是年轻》的老歌,对,我就光明正大地转借一下他人的劳动成果,将那歌名转换成:语文人永远是年轻!

记着

戏说

家乡绍兴,不但出文人,也"盛产"戏文。自明清以来,绍兴下辖的五县一区先后孕育诞生了诸如新昌高腔、绍兴莲花落、上虞哑目剧等十余个戏种,其中的越剧和绍剧更是闻名遐迩的国家级剧种。在绍兴乡下,至今保留着"村村都有大戏台,人人都是小百花"的演戏、唱戏格局。

我清楚地记得,5岁那年夏天,父亲把我背进了村里的戏场子。从此,我成为死心塌地的戏迷。

在父亲的肩膀上,我看了一出又一出戏文,什么《借东风》啦,《孙悟空三打白骨精》啦,《三请樊梨花》啦,《狸猫换太子》啦……在我那没有图书、没有绘本、更没有VCD的童年,父亲和我的亲子共"戏",成了我人生启蒙、兴趣培养的全部,给我平淡的童年增加了绚丽的色彩。戏曲让我知道,好人,应该像岳飞那样精忠报国,像包公那样公而忘私,像春草那样仗义助人,像方卿那样人穷志不穷……

20世纪末,我们绍兴组织市级语文学科带头人评比。我被推荐参加。那一天,我们从各县(区)选拔上来的七位语文教师,聚在一地,借班同上五年级的《五月端阳》一课。轮到我了,虽说事先作了充分的准备,但由于赛前紧张,我一开课就漏掉了一个介绍屈原生平的环节,快到结课时我才想了起来。这时,要补上去明显是个破绽,不补,又绝对是瑕疵。忽然,我想起了前些天教学生唱过的越剧《屈原》,于是,我拿起腔调说:"《屈原》的故事书里有写,戏里有唱,有一出越剧剧目叫'屈原',想不想听?"学生自然欢迎。于是,我清唱道:"屈原事君已十载,平日为人王明白。奸臣若是来陷害,分明另有诡计在……"通俗易懂的唱词,委婉动听的曲调,加上我有板有眼的演唱,赢得了孩子们和听课评委的满堂掌声。

不过这次"补短",确实给了我一个非常深刻的思考:戏文既然可以用来拓展课文,那可不可以用来导入、过渡甚至阅读?让语文因为戏剧变得更生动、更感人,让传统的戏文因为语文变得更真切、更悠远?

前两年,美国的雷夫老师来中国讲演,带来了他的《第56号教室的奇迹》。一时间,沉寂的戏剧教育变得热浪滚滚。可是,清一色的欧美戏剧被追捧,中国戏曲鲜有人提

戏
说

179

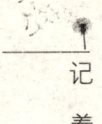
记着

及,甚至有一种声音:中国戏曲土味太浓,优雅不够,高贵不足,无法与国外的戏剧相提并论。但我以为,一个国家如果没有自己的戏剧,或者虽有自己的戏剧,但本国的孩子不读不学,反而去追捧别国的戏剧,那就只能拾人牙慧,看别人的脸色,有失尊严。一个中国的孩子,如果不知道中国戏曲是我们的祖传国粹,或虽知道但不理不睬,反而迷恋别国的戏剧,那无异于站在自家的祖坟前,去拜别人的祖宗。

中国戏曲是我们的祖先用了千百年的时间和智慧铸就的传统艺术,是一座取之不尽用之不竭的文化富矿。这座富矿一头联结着五千年中华民族的血脉与文脉,联结着我们古老的土地、山川、风物、民俗;另一头联结着我们的祖辈父辈,联结着千千万万中国人的精神世界。戏曲是一门综合艺术,它的基础是文学;戏曲也是一门重要的文化活动,与每个人的生活息息相关。一个中国人如果缺少中华戏曲的润泽,会造成文学营养的失衡,会被遮蔽一种重要的文学眼光,缺少一个重要的审美判断,缺失一条联结传统文化的重要路径。

但不知从什么时候开始,我们的孩子只记住了罗密欧、朱丽叶、俄狄浦斯,只知道《哈姆雷特》《伪君子》《玩偶之家》。不是说外国戏剧不好,它们当然是人类智慧和文化的结晶,但如果我们中国的孩子只看这些,只读这些,显然会造成严重偏食,不利于身心的健康成长。如果走向极端,则会忘记自己姓甚名谁,缺失民族身份与文化认同,当然,更谈不上文化自信了。

在著名小学语文教育专家周一贯先生的鼓励下,2015年以来,我在全国多个城市执教了戏曲文学教学课,至今已有189节次之多,从传统(经典)戏曲剧本,如《梁祝》中的"草桥结拜",到现代戏曲剧本,如《智取威虎山》中的"打进匪窟",再到根据同名童话改编的戏曲童话《小猫钓鱼》,受到了成千上万的孩子及语文老师的广泛好评。

在当今文学教育中,知唐诗宋词者众,知中华戏曲者寡。然而,中华戏曲在学句习文、开启智慧、立德树人、愉悦身心方面所发挥的作用并不亚于唐诗宋词。补上中华戏曲文学一课,对学生接受中华文化浸润尤为重要。

秉承这样的想法,2017年,我以一个语文老师的视角,编写了《中华戏曲文学读本》。我在这本书的序里写了这样一段话:这本书里的故事,大多发生在舞台上。那一个不大的地方,围坐过你爸爸,你爷爷,你爷爷的爷爷;你妈妈,你奶奶,你奶奶的奶奶……舞台上的人,涂抹着花花绿绿的油彩,穿戴着漂漂亮亮的衣服,咿咿呀呀地讲述着普通日子里可能有也可能不太会有的故事。那些美妙和恶

毒,欢喜和悲伤,正义与邪恶,令人长吁短叹,热血澎湃。当舞台撤去时,人们已经走到了很蓝的天空下,笑的还在笑,哭的还在哭。从戏曲里走出来的人,谁会不认为这是伟大的艺术?既然是伟大的艺术,我们不去亲近她,就是对伟大艺术的不敬。我们应该像热爱唐诗宋词一样,聆听她,传唱她,让伟大在我们的血脉中流淌,在我们的生命里发芽……

作为一名小学教师,我知道,对于读惯了童话的孩子来说,也许是第一次读这样的文学,可能会有些不适。但我更愿意相信,当孩子在戏曲文学里遇见神通广大的孙悟空、女扮男装的花木兰、文武双全的穆桂英、铁面无私的包青天等一大批"老熟人"的时候,看到他们在一个不一样的地方插科打诨,粉墨登场,那一份熟悉的陌生和陈旧的新鲜,会令他们倍感亲切和新奇……

古老的中国戏曲,永远是我们的"角儿",那声声不绝的"伊呀""哇呀",永远唱响在每一个中国人精神生命的舞台,并从感性和唯美的角度告诉我们:根在这里,家在中国。

祝家庄

祝家庄

暑假里,我来到了祝家庄。

车过一处小庙,眼前豁然开朗。一座典型的江南庄园,在早晨的阳光里妩媚地舒展开来。园内一棵高大的老樟树,把绿色的手臂长长地探出白墙,像是忠心不二的家仆,用它长长的扫把,洁净着园内园外的风景。在它长臂下垂处,便是干净整洁的门楼。门楼的上方,用浓重的金色,烫着"祝家庄"三个夸张的大字。

这么一个小小的村落,居然孕育了祝英台这样闻名遐迩的名姝;如此一个名不见经传的小村,竟然诞生了这么一段旷世奇情。我国第一部彩色影片——越剧《梁山伯与祝英台》,序幕唱词:上虞县(今为上虞市),祝家庄,玉水河边;有一位,祝英台,秀丽聪明。这段唱词字字珠玑,给这小小村落镶嵌了一道浪漫而温暖的金色,也赋予了这个爱情故事耐人寻味的开篇。

我当然不是冲着故事来的，即使不是上虞人，我想大凡中国人，来到祝英台的家乡，多半也不是为了听导游重述梁祝故事。再说，如果仅仅为了故事，祝家庄的修建不但显得奢华，甚至多此一举。许多人可能和我一样，此行的目的，恐怕是因为一种精神的感召。

江南夏日，正是绿肥红瘦时。入得园中，只见芭蕉连片，假山时隐时现。一阵微风掠过，芭蕉轻摇，像是环佩叮咚，莫非英台在此练舞。不，应该不是，祝员外家的千金，连想去杭城求学都要装病卜卦，怎有如此撒野之乐。最多是英台瞒了员外，丢了针绣，和银心偷闲，玩捉迷藏。不管他了，还是看景去吧。

英台楼是整个祝家庄的建筑核心，是一幢木制二层的三间小楼。门窗都镌刻着古色古香的花纹，大红灯笼高高挂起，透露着此楼的大气精致。我来到这里时，已有好些游客在此拍照留念了。有一对男女游客，边拍着照边用浓重的上海方言问答。

"这楼真是祝英台当年居住的吗？"女的问。

"将就着看吧！连万里长城都非当年秦王所建。"男士按着快门说。

好一句将就着看吧！我曾经听人说过，中国的许多文

化遗迹常常带有历史的累积性。外国的遗迹一般修建完成后,就原风原貌地保存下来,不打扮,更不走动,就这样静静地站立着,让人瞻仰,让人记忆。而我们的遗产,因为先人们运动太频,想法太多,又常常易于激动,爱动手脚,没有哪一种纯粹的遗迹能够长久地"存活"。除非它寂寞地活在地底下,除非屈辱地躲藏在坟茔里。甚至,很多名义上的遗迹,究其辈分,恐怕能称得上"父辈"的,也算"元老"了。

作为上虞人,我当然清楚,这个长得老相的祝家庄,是在人类进入21世纪以后,作为打造上虞旅游的组成部分,是近两年才花巨资打造的。那晚唐模样的乔装,很多处是4D相助的结果。不过,我可以十二分地保证,这里绝对是张读《宣室志》中确定的祝英台栖身之地。所以,即便再不是昔日模样,但也远比某某世界微缩景观、某某卢浮宫群之类既无血统之依,又无地域之实的"景点"要乡土多了。何况,我们来此,原本就是冲着情的感召,爱的涤荡。

来到英台楼,里面的戏台一定要看的。可不,此刻戏台正在演出祝英台"求学杭城"的越剧折子戏。丝竹响起,出来一穿戴齐正的佳丽,娇娇地移动莲步,不用问,此人便是祝英台:"我家有个小九妹,聪明伶俐人敬佩,描龙绣凤称能手,琴棋书画件件会……"莺啼燕转的声腔,出水莲花般的表演,不一会儿,唤来满园听客。至此才知,入园游客何止千人。不少游客,接着台上的演唱,把蕴藏心里的戏词大段大段地吟唱出来。我惊讶于在无人指挥的现场,男女游客竟分角色吟唱梁山伯与祝英台。一时间,台上一对有情人,台下无数梁祝客,成一道自发的风景。

待到戏散时,我走出英台楼,盘桓在九曲桥上,傻傻地想:那时候没有手机,更没有 QQ、微信,寄个信也蜗牛爬似的。但正是这份思念与等待,有机会让恋爱进行长足的发酵。而英台品到的,定是那最浓郁的香醇——山伯永恋英台。

再进去,便是祝家庄门口一条清澈见底的小河,河岸有块小石碑,上面写着"玉水河"。原来,这就是玉水河啊!我一抬头,对面有艘仿真古船,船头英台柳眉紧锁,此时她就要坐船去杭城求学,正在向员外挥手告别。不料腰间玉佩跌落到了河中,河水吞下了这块玉佩,再也没有踪影了。但自此水面碧绿如玉佩,河水碧波如玉带,十分神奇。祝家上下都视此为吉兆,纷纷相互道喜,好不欢喜,这条小河也因此被称作"玉水河"——一条著名的爱情圣河!

忽觉远处一对蝴蝶款款飞来,一红一黑,忽上忽下,忽左忽右,相互交织,彼此环绕。红色的那只是英台吧!不一定!都到云时代了,英台也许恋上了一袭黑衣,再说她当年就爱冲破旧礼,不按常规出牌;谦让的那只黑的是山伯吧,没有证据!今非昔比,可能山伯早就学会了主动,懂得了活出自我,何况他吃过大亏。我暗自笑了。

我不止一次地思忖:梁山伯和祝英台的爱情,为什么会让我们如此钟情?我们之所以能够记住他们,或许是因为他们的不幸吧。无论是梁祝,还是牛郎织女,或者是许仙与白蛇,虽都是旷世的爱情传奇,却无一例外的都是一幕幕悲剧。是悲剧?也不是。英台和山伯不是化作蝴蝶,千年万年不分开吗;牛郎和织女不是变作"明星",日日相见吗;至于白蛇早就烧了雷峰宝塔,相夫教子,过上了幸福的三口生活。

从祝家庄出来,耳边回响着戏台上的越剧余音:生前不能成夫妻,死后也要成双对。有人说云时代的爱情已经无法真实存在。不然吧,去一回祝家庄,荡涤一下心灵,去找回渐行渐远的爱情法则。

从这个意义上说,祝家庄是个不能不去的爱之圣地。

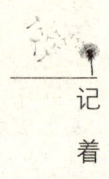

记着

约定

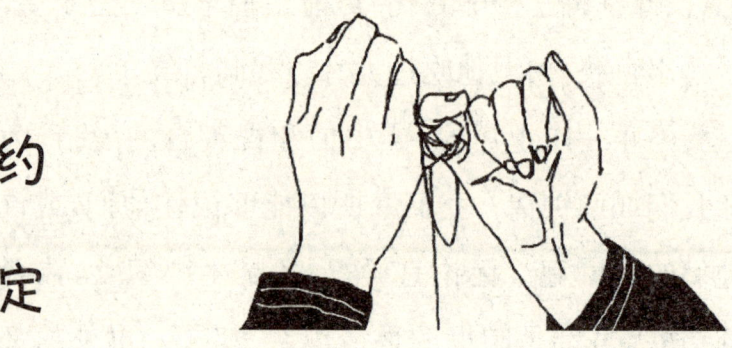

  我系着网兜走在水田的田埂上,瞪着太阳,心里骂道,这么明晃晃地看我干吗,有本事变成硬币掉下来!我听到太阳也在骂我,而且骂得跟我父亲一样:就知道钱钱钱,一天到晚花钱去看书。你以为我开的是钱庄啊!有本事自己赚去!

  我太理解父亲了。我们家兄弟姐妹六个,全靠父亲忙时种地、闲时做些水产生意养活着我们。以至于父亲不到五十,就被人看作花甲之人。上个星期二,因突下暴雨,父亲来学校给我送伞。我们初一(2)班班长张东卫跑过来对我说:"你爷爷来了。"我相信,我们这位"又红又专"的班长,断然没有占我便宜,嘲讽我父亲之意的。

  父亲骂得没错,可是我想看书,这是我的错吗?再说,是父亲自己把我拉进了村里的土戏台,让我看了一出一出的戏文。这无疑是往火上浇油,我爱看书的内心,常常被戏文烧得隐隐作痛。

广播里明明说今天是阴天有雨,可太阳就是这么与我作对,就这么傻乎乎地睁着大眼,撒野似地将热辣辣的光亮泼了下来。这么烈的太阳,别说抓不到田鸡(青蛙),就连田鸡的叫声都被烤没了。

捉不到田鸡难道不可以捉别的吗?对了,猛太阳底下,下水去摸河虾啊。我为自己的突发奇想感到无比兴奋,一下子感到太阳对我真是"太兄弟"了——知我助我去赚钱。

我跑到了河边。虽说是骄阳当空,但毕竟楝树花盛开的初夏,村里的小河边,除了几个大妈在洗衣什么的,河边静悄悄的,没有人下水去嬉水。就是么,我们这里,谁都知道"楝树花开,洗浴(方言:游泳)买棺材;楝树花谢,洗浴洗到夜"的俗语。这个时季应该没人下水游泳的。

正是天赐良机。凭我的经验,初夏河里的花生藤草底下,居住着好多过冬的河虾。中午时分,正是它们午睡的时候。我一个猛子下去,捉它个斤把应该没有问题。最便宜的河虾卖到村口的集市上,也应该有个三毛五毛的。这样,借一本《金光大道》应该没问题了。要是碰个巧,多捞点,卖上一块钱,东卫那一套《金光大道》,他说可以借一个

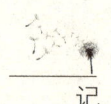
星期啊。一个星期呢,这是多么美好的一个星期!连过年也比不上的一个星期!我想得心花怒放了。

我学着电影《英雄儿女》主人公王成的样,纵身跳入水中。

初夏就是初夏。尽管水面上还算温热,可水底下却是凉凉的。不过,花生藤草底下的河虾还真不少。一猛子下去,能抓到一把。我知道,花生藤草越密的地方,河虾越多。为了多摸点,我向更远处一块长得稠密的水草游去。就在这时候,我听到娘在岸上大喊我的名字。我知道,她是怕我出事的。在这样一个"洗浴买棺材"的时辰下水,挨娘骂是注定了的。骂就骂吧,哪怕打!

我装作什么也没听到,吸了一口气,钻到水草底下。就在这时,我觉得脚下一阵刺骨的寒冷,不好,这块水草底下,河水太冷了。常识告诉我,我得赶快钻出水面,否则会双脚抽筋的。可是就在这时,我的双脚突然间刺痛,抽搐,整个身体蜷了起来。我拼命地用双手拨弄头顶,可水草像一张严严实实的网,将我死死地盖住了,任凭我怎样挣扎,除了一口一口地喝水,就是挣脱不出草丛。慢慢地,我觉得自己手软了,腿无力了,身子一点一点地往河底沉。

"救——命啊,救——命!"岸上娘和大妈们的呼救声,远得就像山上飘过来的小树叶,轻轻落地。

当我醒过来的时候,发现自己躺在生产大队的医疗站里,父亲擦着满头的汗水,娘和姐姐抱着我,高兴得大哭。

事后,我才知道,幸亏义王道地(地名)的黄胖伯伯路过这里,赶快下河救我,要不,我转学到另一个世界去了。

真是因祸得福。那天晚上,娘为我收小魂灵(一种风俗),给我煮了两个鸡蛋,我讨了口福。我姐还给了我五毛钱,我哥将我摸的虾卖了,换了一块钱,我发了横财!

第二天是星期一,我早早地在教室门口等着张东卫。

张东卫终于来了。我急急地迎了过去:"东卫,上星期六说的书呢,我有钱了。"

张东卫显得有点为难,说:"那套书,我爸也是每天出一块钱借来的。"听东卫的意思,我要借这套书,不是一个星期一块钱,而是每天一块钱。

我急了:"你爸不是县委书记的秘书吗?"

"秘书借书也是要给钱的啊!"东卫不屑地看着我,"你以为县里的图书馆是我爸开的啊?"

"那你说,我有一块五毛钱,能看多少天?"

"你真有那么多钱!"张东卫像是看外星人一样,盯着我,过了好久说,"我回去跟我爸说说,能不能便宜点。"东卫说得很困难。

"那书能让我看一下吗?"我迫不及待。

"《金光大道》吗?"见我点头,东卫没有立即说。他迟疑了一下,有点怪怪地说,"你说呢,'宝书'能随便带来吗?一天一块钱呢。"

我本来想说,上周六放学时你不是说周一借我吗?还说好一块钱一套,借一个星期呢!可张东卫转身就进了教室。

整整一个上午,我不知道老师在讲什么,脑子里只有"芳草地""高大泉",只有《金光大道》。

吃午饭了,大家都蜂拥着去食堂取饭盒。我没有心思吃饭,盘算着等东卫取回饭盒后,再跟他说说,哪怕一块钱一天,也请他爸爸从县里替我借过来,至少我可以看一天半呢?

我走向东卫的座位,准备等他。就在这时,我发现,东卫的桌肚里,放着厚厚的两本书。那时,我们的教科书都是很薄的,这两本会是什么书呢?我好奇地把书从桌肚里拿了上来。啊,是《金光大道》第一部,第二部。明明有书,却不让我看。这时,我气得听得见自己的血在哗哗地蹿。

"你在干吗?"东卫捧着饭盒,显得很吃惊。

"你不配做班长!"我像怒狮一样狂吼道。刚刚从外面取了饭盒回来的同学,被我的吼声吓呆了。要不是我太痴迷这两本书,我会用它们做两颗手榴弹,砸向这个万恶的

"范克明"（谐音"反革命"，《金光大道》中的反面角色）。

我跑出教室，来到了操场中央的大树下。东卫太伤人了，亏他还是同学，而且算是比较要好的同学。上次，他想当红卫兵中队长，还是我替他拉了好多票，连他的决心书还是我给他写的。

我翻江倒海地回想着读初中一年多来，几乎每周都用娘给我中午买酱油当下饭的钱，五分，一毛，从东卫手里借书看，从没有欠过他一分钱。他爸在县委当秘书，谁知道这书是他爸免费拿来的还是像他自己说的，也是花钱借来的。反正，我的钱就是这样乖乖地流到了他的口袋。这我不怪他，是我自己要借的。但我气他有书不借，故意涨价，让我看不起书。为了这一块钱，我还差点死在河里。我越想越生气，越想越委屈，还暗暗地发誓，以后我长大了，赚钱了，有了书，便将书丢在大路上，给每一个喜欢看的人读，就是不让张东卫碰一下。

"夏寿！"不知什么时候，东卫来到了我的身边。听到他叫我，我想走开，可被他挡住了。

其实我不是被张东卫的手拦住的，而是被他手里的两本书给粘住了。我知道，那是一套两本《金光大道》，我整个人已经被那"金光"给吸住了。

东卫把书递过来，我很不争气地伸出手去。生怕它飞

了似的,紧紧地拽住《金光大道》,那一刻,我真想咬咬手指,看是不是在梦里。

我赶快从口袋里摸出我的"性命钱"来。

张东卫摆摆手,说:"钱我不要!不过——"

我和张东卫之间,一向都是一手交钱,一手交书的。他也是靠我和班上的几个读书谜,积累钱,每个月"大方"地花"自己"的钱搞班级活动的。钱对他来说,和我对书的感情一样,很深很深的。可他居然不要钱,太意外了:"不过什么呢?"我好奇地问。

张东卫没有回答,仿佛不认识似地看了我好一会。他的眼睛,像是刚刚下过雨的水田,有点薄薄的雾气。终于,他好像下了决心,很困难地说:"我语文一向不如你,你看多了书……我怕我考不好试,我这个班长……"

"哦,我明白了,你是怕我的语文成绩越来越好。"我笑了,"可是,东卫,我的数理化都不如你的。"

"那也不行,班长应该每门课都带头的。"见我挑明了,张东卫也直说了。

"这倒也是的。那你要我怎样?"我问道。霎时间,我发现张东卫像个被捉住了的小鸟似的。没等他回答,我自告奋勇地说,"以后,作文的时候,我只写'电报'一样的长,句子也不让通顺;语文考试的时候,我考差点,行不行?"

张东卫的眼里马上亮起神采,他神秘地一笑:"下次,我给你带更多的书来。"

我们都说到做到了。这以后,东卫隔三岔五地让他爸爸借来好书。我读到了《西沙儿女》《艳阳天》《三探红雨洞》《青春之歌》等"宝书"。我当然像书上说的那样,滴水之恩,当涌泉相报。我每次写作文,不是把文章写成"电报",就是把内容写得张冠李戴;语文考试,不是答得有一截没一截,就是错字别字满天。而张东卫的语文,无论是写作,还是考试,常常夺得全班第一。教我们语文的沈老师纳闷了,有一次他对我说,看你读书也不少,怎么成绩不但没上去,反而下降了?

这当然是个秘密!幸好那个年代,成绩好坏其实没有多少老师和家长真的在乎,要不,我们的秘密早就被拆穿了。一旦那样,我和东卫就两败俱伤了。

就这样,东卫靠着门门学科"全班第一"的自信与自律,茁壮成长着,毕业后顺利地考上了大学。又因为他从小就擅长经营之道,终于成了漂洋过海的企业家。而我,因为东卫持续地"供书"给我,让我那个饥饿、无趣的少年时光,有好书抚慰、浸润,使我其乐无比,且让我受用至今。

少年时候一个荒唐的约定,现在想起来真是回味无穷。

就业

当门前那棵桂树第 23 次开花的时候,儿子考取了一个公职,据说很不错。我高兴得不知说什么好,用"高兴"好像不够,就算用"激动",用别的"……"也说不准确当时的心情。我一千次地知道,这年代,即便贴出招一名合同工的广告,准会像撒一把米,吸引一大群鸡崽围啄的。何况是一个光鲜鲜的公职,那简直就跟李白当年登上蜀道似的。我是当老师的,当老师的改不了说教。下面是我对儿子说的话:

孩子,咱们普通人家能到这个不普通的单位,是祖上积德、你自己积才的结果,要好好珍惜,认认真真地工作。当年,我去学校上班的第一天,你奶奶告诫我:"只要对小人好,书就能教好。"我记住了,一辈子照你奶奶的这句话教书,做人,有效果。现在我把这句"传家话"送给你,虽然你不是干教书这一行的,但这只是服务对象的不同而已,聪明的你,可以马上把它理解为:"只要对群众好,活就能干好。"面对群众,脸上一定要笑眯眯的。你冲他笑眯眯,他对你笑眯眯。一个笑眯眯地服务,一个笑眯眯地接受服务。凡是笑眯眯,都不会过期,都不会变质。笑眯眯是个人见人爱的童话。

我知道你会问我,有的人不笑眯眯,而是板着脸,而且火气很大,跟你吵,跟你闹,那怎么办?

听老爸给你讲个故事,很多年前的,那时还没你。那年,我班上有个孩子不会写作文,我把他留下来教他怎么写。那一天,孩子的父亲来接孩子放晚学。到了学校门口,不见儿子。一问,知道我留他孩子补课,那个父亲的火像狗一样蹿了上来:"老师那么喜欢我孩子,让他带我儿子去他家好了。"他扔下这句比石头还硬的话,自顾自回家去了。门卫把这个情况对我说了,我确实被这块石头击中了,身在哆嗦,心在滴血。我像犯法似的,战战兢兢地用自行车把孩子送到他的家里。那个父亲看到我,扭身就走了。幸好孩子的妈妈还讲道理,收下了孩子。要不,你还真多了一个不明不白的大哥哥。大概两年以后吧,这个父亲在学校门口见到我,脸一下红了,跟化了妆一样。因为他孩子后来的作文,多次发表在刊物上,他觉得很对不住我。我用这个故事告诉你,要相信人性,

就业

记着

相信每个人心里都是有童话的。只不过这个童话,成熟的有早有晚,有多有少,有快有慢。这有什么要紧呢,一辈子的光景不算太短,你付出了,就一定会看见童话盛开的。以上是我对你说的第一点。

第二,要做笨人。你别急。我脑子也没进水,相反,我很清醒地给你讲个我从书上读来的故事:东方有一个国王,想成为世界上最英明的君主,他让全国的文人去各地搜集智慧箴言,编纂成册供他阅读。30年后,贤士们带着5000册书回来了。国王忙于国事,没有时间看这么多书,要求贤士们再精选。15年后,贤士们带着500册书回来了,国王还是觉得太多,看不过来,要求再精选。又过了10年,贤士们带来的书不过是50册……对,国王老了,老得看不动这50册书了。他要求再精选,精选到只在一本书里,读到人类的智慧。又是5年过去了,当满头白发的贤士带着这本书回来的时候,老国王已经奄奄一息,连翻一翻这本书的力气也没有了。很可惜,这个国王被自己的聪明误了一生。

如果给你讲这个有点远,那么我给你讲讲你爷爷的故事吧。是的,你没见过你爷爷。你爷爷出生在1889年,在你出生前11年去世的。你爷爷是没读过书的,活了73岁。他在我们家乡绝对是个明星。这么说吧,如果他去唱戏就是赵志刚,如果他讲笑话就是赵本山,如果他当主持

198

就是赵忠祥。但是他一辈子就在村里,到海边去捡泥螺。他捡泥螺的本领,好到外行称奇同行称好,即便是年轻小伙子也比不过他。小时候,我也有几次跟着你爷爷去海滩捡泥螺,可是几分钟下来,就觉得累得连腰都直不起来。我问过你爷爷,你捡得为什么那么快,好像腰也不用直一下的。你爷爷说:"其实我也捡得不比任何人快。只是我从来不直腰的,因为你想直一次腰的时候,就会想直两次腰,十次腰,甚至再也不想弯下腰。我无非就在别人直腰的时候一直弯腰捡,所以快了。其实这是笨办法。"现在这个时代,人人都急于成人、成材,甚至都想走捷径。其实,真正的成功很少有快车道的。这个时代不缺聪明人,最缺少的就是笨人。你身上流淌着你爷爷的笨血脉,还是不要数典忘祖,做个笨人为好。

中国人非常信奉"三"这个数字,我再说第三点吧,你也不要嫌我啰唆,谁叫你是我的儿子。其实这句话也是你爷爷经常对我说的,对,祖传的。第三点说什么呢,就说要爱你现在的工作。如今这个年代,朝三暮四这个词不但频频出现在婚恋关系当中,也经常出现在工作当中。有的小青年一年换四个工作岗位,还美其名曰"四季更换"。我16岁进学校教书,到现在已经整整39年了。从1996年到这所学校当校长,也当了整整23年了。这期间有很多单位

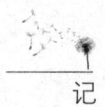

以高薪向我抛来橄榄枝,都没有打动我。一辈子,一件事。你爷爷在世的时候经常说一句话:"三百六十行,行行出状元。"我们爱岗位当然不是要奔状元,我以为干一行爱一行的真正意义,在于你集中自己的全部聪明智慧,年复一年周而复始地把这件事做好做优做精。

有个童话讲一个小乌龟想去参加狮子大王的婚礼,一路上历经千辛万苦,也受尽了路人的冷嘲热讽,但他依然怆然独行,虽然没有赶上前任狮王的婚礼,但还是遇上了下一任狮王的结婚庆典。这个故事告诉我们,人生苦短,与其泛泛然地去干这干那,不如集中精力去做成一件事情。当然,今天干这明天干那也有成功之人,但那是个案,普遍现象才能更具说服力。说不准,人家是智商超高,情商超高。我以为,大凡像我们这样的普通人,还是以普通的眼光去看待问题为好。

以上就是我在儿子上班前的一番忠告。说明一下,我对儿子的三点上岗培训,不是一日谈,也不是十日谈,而是三日谈,而且我还注意选择时机:一次是儿子给我看上班通知书,一次是儿子对我说他有了自己的工资卡,还有一次儿子拿回单位给他发的工作服。

我还是蛮会抓住教育契机吧!

图书在版编目（CIP）数据

记着 / 何夏寿著. -- 上海：上海教育出版社,2018.8
ISBN 978-7-5444-8525-8

Ⅰ.①记… Ⅱ.①何… Ⅲ.①教育—随笔—中国—文集 Ⅳ.①G52-53

中国版本图书馆CIP数据核字(2018)第179594号

责任编辑　杨文华　饶晓敏
书籍设计　周　亚

记着
何夏寿　著

出版发行	上海教育出版社有限公司
官　　网	www.seph.com.cn
地　　址	上海市永福路123号
邮　　编	200031
印　　刷	昆山市亭林印刷有限责任公司
开　　本	700×1000　1/16　印张 13
字　　数	110 千字
版　　次	2018年8月第1版
印　　次	2018年8月第1次印刷
书　　号	ISBN 978-7-5444-8525-8/G·7055
定　　价	45.00 元

如发现质量问题，读者可向本社调换　电话：021-64377165